あ゙

教科書が教えない日本語

山口謠司
大東文化大学教授

772
中公新書ラクレ

はじめに——二〇〇〇年に一度の変革期

小学校に入ると国語では、まず「五十音図」を覚えます。

これを、みんな「当たり前」と思っていませんか？

「当たり前」は、別の言葉で「空気のように」と言い替えてもいいかもしれません。

まだ、六歳の善悪の判断もつかない子どもたちに、「日本語は五十音図があれば書き表せる、これが、基本の基本なのだ」と植え付けるのです。

それを悪いと、ぼくは決して、言うつもりはありません。

ただ、五十音図って、本当にそうなのか？　と疑問を持つのです。

たとえば、みなさんのなかには「Louis Vuitton」のバッグやお財布を使っているという方もいらっしゃるでしょう。このブランド名、どう日本語では表記しますか？

ルイ・ビトン？

ルイ・ヴィトン？

ルイ・ビトンと〈カタカナ〉で書くと、パッチモンみたいな感じがします。でも、ルイ・ヴィトンの「ヴィ」という表記は、五十音図のどこにあるのでしょうか。小学校の教科書に出ている「五十音図」に、「ヴィ」という表記がついているものは、ひとつとしてありません。そして、この表記は、小学校でも先生から教わることはありません。

ただ、英語を習い始めると、「b」と「v」では、発音が違うのだと教わります。「v」は下唇を噛んで発音しなさい。「b」は、上下両方の唇を合わせて発音するのだと言われます。

もしも、英語やフランス語を母国語とする人と友だちになったら、「berry（ベリー）」と「very（とっても）」の発音は区別しないと意味がわからなくなるよと、注意してくれるかもしれません。

I like strawberry very much.（私は苺が大好きです）

日本語にない「v」の発音は、日本語を表記する五十音図にないのは当然ですが、かつて、なんとかこれを日本語として書き表せないかと工夫した人たちがいました。

そして、今、「vi」は「ヴィ」、「bi」は「ビ」と書いて区別されるようになったのです。

次に、もうひとつ、今度は、こんな例を挙げたいと思います。

「先生」は、どう読みますか？

もちろん「せんせい」ですね。

ですが、一九八〇年代まで、北九州の人たちは、これを「センセイ」ではなく、「シェンシェイ」「シェンシィェイ」と発音していました。

読み方を〈ひらがな〉で書きなさいと言われれば「せんせい」と書きますが、話すと「シェンシェイ」等になるのです。

さて、我々は、日本語で話している言葉を書き表すために「五十音図」を習います。

この時の「日本語」は、「標準語」とされる「日本語」です。

「言文一致運動」という「五十音図」を使った教育が始まったのは、明治時代初期、今から約一五〇年前のことです。

この教育によって次第に、我々は、日本にはない外国語の音や、方言で使われる音を「五十音図」に書かれる文字で、すべて表せると思うようになってしまいました。

そうすることによって「v」を「ビ」、「シェンシェイ」を「せんせい」と書いても、なんら違和感も感じなくなってしまったのです。

べつの言い方をすれば、「五十音図」以外の音は世界にはもちろん、日本語の方言にも本当はたくさんあるのに、それを切り捨てて、何とも思わなくなったということになります。

しかし、五十音図の「仮名」は、「あ」から「ん」の文字しかありません。

すべての音を正確に書き表すことができる文字ではないのです。五十音図の「仮名」を使った言葉は、実際の発音を「書き表したつもり」になっているだけの現象にすぎないのです。

そのことは、江戸時代の小説家、式亭三馬《しきていさんば》（一七七六～一八二二）も『浮世風呂』を書いた時に、すでに気がついていました。今ある「仮名」では、自分が書き表そうとしている日本語表現ができない、と。

あとで詳しく触れますが、『浮世風呂　前編』の凡例に、そのことが書かれています。

江戸っ子の発音する「が」と、東北出身の人の話す「が」は、発音が異なる。東北出身の人が言う「が」は、「ぱ」と書く。（意訳）

現代ではマンガを読んでいると、時々「あー」や「んー」という表記を見ることがあります。

「あー」でもなく、「んー」でもないと、マンガ家たちは、自由な発想でこうした表記を使っています。じつはこれは、式亭三馬が音感をどう表記すればより的確かという格闘の中から産みだした「ぱ」と同じ発想です。

こうしたことからすれば、「五十音図」は、「音図」としては、日本語を表記するには、まだまだ不十分なものだということが明らかでしょう。

じつは、言語は日本語に限らずどのような言葉も、おおよそ一〇〇〇年を周期に変化をしています。一〇〇年前頃に書かれた明治・大正時代の文学作品が、一般の人たちにはもう注釈や現代語訳なしには読めなくなってしまったということからも、このことは推測できるかと思います。

それでは、一〇〇〇年前の言葉はどういうものだったのでしょう?

具体的には平安時代の作品『源氏物語』や『枕草子』を想像して頂ければと思いますが、本を開いても、原文ではまったく読めません。もちろん、日本語ですから、少しはわかるところがあるでしょうが、柔軟に作者の意図を読み取るということは、ほとんど不可能です。じつは、一〇〇年単位の変化が一〇回起こってしまうと、同じ日本語でも、一〇〇〇年後には、もうまったく読めない言語になるのです。

それにしても、「やうやう」「てふてふ」など、いわゆる「旧仮名遣い」と呼ばれるものがありますが、なぜ、彼らはこのような表記をしていたのでしょうか?

古典を教える先生で、なぜこうした旧《ふる》い仮名の表記で古典が書かれているのかという理由を、子どもにもわかるように説明してくれる方に、ぼくはひとりとして会ったことがありません。

それは、現代語の「こんにちは」を「こんにちわ」と書いてはいけないという理由を正しく説明できないのも同じです。

この点については、本文で詳しく記しますが、じつは、『源氏物語』や『枕草子』は、紫式部や清少納言が、もっとも「適当」だと思われる表記を使って、彼らが日常使っている口語を、そのまま書き示そうとしたものなのです。

五十音図の原型は、現在の石川県加賀市山代温泉で作られました。明覚上人《みょうかくしょうにん》（一〇五六～没年不詳）という人の研究によるものです。

仏教経典が書かれたサンスクリット語、それを翻訳した漢文、それを日本語として正確に読むためにはどうすればいいのかと、明覚は、科学的な視点で、日本語の「音」を、研究し「五十音図」を作ったのでした。

現代は、明覚が五十音図を作ってからおよそ一〇〇〇年の時を経ています。

もしかすると、現代の日本語は、一〇〇〇年前に作られた明覚上人の「五十音図」ではカバーできなくなった「音」に満ちてしまっているのかもしれません。

本書では、古典から現代日本語にいたるまでの仮名の秘密、そして国語教育とは何かという視点から、日本語をとりまく環境を大きく深く取り上げ、新しい「音図」への可能性をも摸索してみようと思うのです。

目次

五十音図引きの辞書／「いろは歌」の誕生／「五十音図」の誕生／南無阿弥陀仏の発音の変化／空海は言語をどうとらえていたか／「真言宗」と名付けた意味／言葉の二面性／サンスクリット語の順番に随った配列／江戸時代の悉曇学／比較言語学が解き明かしたこと／曖昧な言語、堅牢な言語／「五十音図」は指標にすぎない／「ん」という音はどういう音か？／みんなが誤用すれば「正しい」ことに／「五十音図」を作り替えてみよう／日本語表記の可能性／「てんおう」ではなく「てんのう」と読むという問題／三〇〇年単位の分岐点／司馬遼太郎と桑原武夫が見た日本語の変化／苦痛な国語の授業／日本語の消滅危機／国語を学ぶということ

おわりに――日本語をもっと遊ぼう！ 295

表・本文ＤＴＰ／今井明子

あ

教科書が教えない日本語

1章 あいうえおの誕生

あの衝撃

「あ」「あ〜〜〜〜ん」という乱馬の叫び声が、高橋留美子のマンガ『らんま1／2』から、ぼくの目に飛び込んできたのは、一九八〇年代後半のことでした。「ぬおおおおおおお」「ゑ」「ゔぎゃー」「にーーっ」「がろお」という表記に、脳が震える思いでした。

バブル経済の真っ只中、銀座、六本木、赤坂、新宿、渋谷では毎晩ディスコで馬鹿騒ぎがあり、一九八九年には三菱地所がニューヨークのロックフェラー・センターを買収して、日本経済の繁栄を世界中に謳います。

もちろん、そこには一九六四年の東京オリンピック、一九七〇年の大阪万博などによる高度経済成長という伏線があったことはまちがいありません。

しかし、未曽有のバブル経済的繁栄は、日本人に精神的な豊かさとは何かということを問う大きなきっかけを作ります。

精神的な豊かさは、何によって得られるのか――。

これに応えるようにして生まれて来たもののひとつが「セゾンカルチャー」とも呼ばれる、堤清二（一九二七～二〇一三）による西武美術館（後のセゾン美術館、閉館）、西武劇場（後のPARCO劇場）です。

美術の分野で言えば、ジャスパー・ジョーンズ（一九三〇～）の個展、マルセル・デュシャン（一八八七～一九六八）の大規模な回顧展を行いコンテンポラリー・アートという概念を見せつけます。

また、劇場では六〇年代アンダーグラウンドの旗手であった寺山修司（一九三五～一九八三）が、不思議なアンダーグラウンド世界を洗練させていきました。

さらに、音楽においては、武満徹（一九三〇～一九九六）や高橋悠治（一九三八～）などに代表される前衛音楽が「脱大衆化」を進めて行きます。

こうして、既製のものでは満足できない！　という個々人の精神的な豊かさへの追求が始まっていく時代を迎えるのです。

高橋留美子は、『うる星やつら』『めぞん一刻』を経て、一九八七年から『らんま1／2』

を連載していました。

当時から、ぼくは、奈良時代から現代に至るまでの日本語の歴史と書誌学、文献学の世界に没頭していたため、日本語の「表記」と「発音」にとても興味を抱いていました。

一九八九年三月に英国・ケンブリッジ大学東洋学部の共同研究員として渡英しましたが、その前に、たまたま友だちに家にあった高橋留美子の『らんま1／2』で「あ」「あ〜〜〜〜ん」という乱馬の叫び声を見たのです。

今、マンガには「あ」や「ぁ゛」などの表記が溢れています。

しかし、当時はまだ、こんな文字はとてもめずらしかったのです。

このマンガの主人公・早乙女乱馬は、水をかぶると、女の子になってしまいます。

乱馬が、水をかけられるのではないかと恐れて叫ぶ「あ」や「あ〜〜〜〜〜ん」には、「あ」「あ〜〜〜〜〜ん」では決して言い表せない、複雑で微妙な語感が響いていたのでした。

イヤミの「シェー」

ぼくは、ほぼまったくと言っていいほどマンガを読んだことがありません。また、家にはテレビもないので、テレビのアニメもほとんど観たことがありません。

なので、マンガやアニメを論じることはできませんが、それでも、赤塚不二夫の『おそ松くん』に出てくるイヤミの「シェー」という叫びはみんなが真似していたのを覚えていますし、「～ザンス」、デカパンが「ホエホエー」と言いながら、「～だス」と言ったりしている吹き出しもおもしろいなぁと思っていました。

一九六二年四月十五日号十六号から一九六九年五月十八日号二一号まで『週刊少年サンデー』（小学館）などに連載されたとのことですが、ぼくが生まれたのが一九六三年ですから、オリジナルの雑誌連載分は見たことがありません。おそらく、コミックスになったのを、どこか友だちの家で見せてもらったのだと思います。

今見直すと、赤塚不二夫という作家は「ずば抜けた」日本語感覚で、マンガに躍動感、臨場感を添えた人だったのだということを改めて感じるのです。

たとえば、「シェー」という叫び声を上げる人は、実際にはいません。こんな音を出すのは、威嚇するタヌキやキツネなどの小動物です。

イヤミは、痩せ形で歯が三本飛び出し、口ひげを蓄え、顎まで伸びた髪を内巻きにしているという外見をしていますが、驚く時には彼の髪の毛先が広がるのです。まさに、小動物的なイヤミさが彼のオーラそのものです。

また、このマンガにはデカパンという人は、自分のことを「ワス」と言い、語頭に「ホエホエー」、語尾に「～だス」を付けて話します。

これだけのことを聞いても、なんとなくホンワカした性格の人なのではないかと思う人も少なくないのではないでしょうか。

実際に、温厚で良心的な人で、動物が好き、犬や猫をたくさん飼っていたりするのです。

天才バカボン

しかし、赤塚不二夫の傑作は、なんと言っても『天才バカボン』でしょう。初出は一九六七年四月九日発行の『週刊少年マガジン』（講談社）ですが、『週刊少年サンデー』（小学館）、『週刊ぼくらマガジン』（講談社）などに連載されています。

ところで、このマンガについて、赤塚不二夫は、『週刊少年マガジン』連載第一回の、扉絵の部分に、「バカボンとは、バカなボンボンのことだよ。天才バカボンとは、天才的にバカなボンボンのことだよ」と書いていたとされます（筆者実物未見）。

フランス語には「放浪」を意味する「vagabondage（ヴァガボンダージュ）」、「放浪者」を意味する「vagabond（ヴァガボン、女性の場合はヴァガボンドゥ）」という言葉があります。

吉川英治の小説『宮本武蔵』をマンガ化した、井上雄彦の『バガボンド』は、宮本武蔵が剣の道を極めるために「放浪する」という意味で、『天才バカボン』の「バカなボンボン」というのとは異なるようです。

それにしても、『天才バカボン』は、内容のナンセンスさ、グロテスクさはもちろんですが、「バカボン」という言葉の持つ響きが、その内容にマッチしていたからこその大ヒットだったのではないかと思います。

「バカ」という言葉の語源については、「梵語の moha ＝慕何（痴）、または mahallaka ＝摩訶羅（無智）の転で、僧侶が隠語として用いたことによる」、あるいは「馬と鹿の区別がつかないくらい能力が低いこと（但し、この「馬鹿」は当て字、古くは「馬嫁」「破家」といった表記もある）」という説など、いろいろありますが、室町時代頃から「バカに付ける薬はない」「バカほどこわいものはない」「バカのひとつ覚え」などという言葉が使われていたことがわかっています。

つまり、我々は、五〇〇年ほど「バカ」という言葉を使っているのです。

良い悪いは別として、こういう馴染みのある「バカ」に「ボン」という音を重ねています。赤塚不二夫が言うように、これは生活に何の支障もなく、脳天気に、のほほんと生きている大金持ちの家の子どもである「ボンボン」の「ボン」です。

「バカ」がバ行で始まる言葉なら「ボン」もまた同じくバ行の言葉です。

語感、音感という点から言えば「バカ」も「ボン」も、漠然として、焦点が定まらない、「ボケた」感じが伝わります。

「これでいいのだー」というバカボンのパパの口癖は、マンガのタイトル、内容に、ピッタリの語感を持つものだったのです。

不快な濁音

「ごみ」「ぶた」「ぼろ」「ばか」……。濁点がついた言葉で始まる日本語は、不潔あるいは不快を感じるものが多いと思いませんか？

これは、和語、大和言葉などと呼ばれる日本語で、古く中国大陸から入って来た漢語や、室町時代にキリシタンの人たちから入って来たポルトガル語やスペイン語、また明治時代以降に入って来た英語やフランス語、ドイツ語が日本語の語彙になったものではありません。

たとえば、「お金」のことを「ぜに」と言われると、ぞっとしませんか。「逃げる」を「ずらかる」というのもちょっと恐い感じがします。

じつは、日本語の語感の特徴のひとつに、言葉の初め（語頭）に濁音が来る言葉には、不潔感、不快感を感じさせるものが多いのです。

なぜなのか、それははっきりとはわかっていません。

ただ、これは、江戸時代の国学者・本居宣長（一七三〇～一八〇一）が発見したことなのですが、七〇〇年代に書かれた日本の古代の文献『古事記』『日本書紀』には、濁音で始まる和語がひとつもないことがわかっています。

また『万葉集』では、山上憶良《やまのうえのおくら》（六六〇～七三三）の「貧窮問答歌」に使われている「鼻、毘之毘之《びしびし》に」の「ビシビシ」が、語頭に濁音がつく唯一の言葉だとされています。

「ビシビシ」は、現代日本語で訳せば「ビチョビチョ」です。風邪を引いて、鼻がビチョビチョグチュグチュになっている状態をいうものです。きれいな言葉ではありません。鼻が「ビシビシ」しているのは、本人にとっても不快でしょうし、不潔感も感じます。

怪獣の名前

もう少し、マンガやアニメ、映画などから濁音の話をしましょう。

怪獣映画と言えば、日本だけでなくアメリカでも撮影された有名なものに『ゴジラ』があります。

一九五四年に東宝が第一作、水爆大怪獣映画『ゴジラ』を公開して以来、二〇一九年公開『ゴジラ　キング・オブ・モンスターズ』、二〇二一年公開『ゴジラvsコング』など国内外の特撮版だけでなんと三〇作あまりが作られ、公開ごとに、膨大な観客動員数を記録しています。

「ゴジラ」と言えば、「キングギドラ」「モスラ」「ヘドラ」「ガバラ」「ガイガン」「メガロ」

など、ゴジラと戦った怪獣の名前が挙げられますが、「モスラ」など濁点が付かない怪獣は少ないのです。

また、「ウルトラマン」シリーズは、ゴジラ以上に、我々の「怪獣」に対するイメージを印象付けたものですが、濁点のついた怪獣の名前は、少なくありません。初期のものだけを少し挙げましょう。

古代怪獣ゴメス
巨大猿ゴロー
火星怪獣ナメゴン
冷凍怪獣ペギラ
大ガメ　ガメロン
隕石怪獣　ガラモン
コイン怪獣　カネゴン
宇宙忍者　バルタン星人
ウラン怪獣　ガボラ
二次元怪獣　ガヴァドン

この最後に挙げた「二次元怪獣　ガヴァドン」は、魚の形をした、ただ眠っている可愛い怪獣で、怪獣の中でも人気が高いものです。「ウルトラマン」の第一五話（昭和四十一〈一九六六〉年十月二十三日放送）に登場していますが、「ヴァ」という表記がテレビを通じて、全国に流れたのは、これが最初だったのではないかと思います。

脚本・佐々木守、監督・実相寺昭雄の二人が「ガバドン」ではなく「ガヴァドン」という表記こそ、この怪獣の名前に相応しいとして、こうなったのでしょうが、今から考えても、「ガヴァドン」は、「ガバドン」に比べて、怖さより愛らしさを表しているように思われます。

また、ロボットなどを主人公にしたマンガを見ても、主人公の名前に濁点が使われていることは少なくありません。

ドラえもん
マジンガーZ
機動戦士ガンダム
ガッチャマン
ロボタン

そして、こうした怪獣やロボットが戦うシーンになると「ガキーン」とか「バキューン」「グワーン」「ドカーン」「ダダダダダ」「ギャフーン」「ズバーン」など、濁音の擬音語や擬態語が多く使われるのです。

濁音というものは、日本語にとってどういう役割をするものだったのでしょうか。

時代を現代から一三〇〇年程遡って、日本語の濁音について考えてみたいと思います。

鼻を啜《すす》る「音」を書く

さて、『古事記』『日本書紀』『万葉集』が書かれた七〇〇年頃、日本にはまだ〈ひらがな〉も〈カタカナ〉もありませんでした。

彼らは、日本語を話していましたが、日本語の音を表記するのに、漢字を使って書くしかありませんでした。

今の中国大陸、朝鮮半島からやってきた人たちが、漢字の「音」を当てはめて日本語を書くことを教えたのです。

たとえば、日本人が発音する「ア」には「阿」、「キ」には「幾」、「ク」には「久」、「ス」には「寸」、「ナ」には「奈」、「ノ」には「乃」など、日本語の発音にほぼ一致する漢字を選んで、ひとつひとつの音に字を当てたのです。

こうして日本語を漢字で書く技術を身につけた人たちが、『古事記』を書いた太安万侶《おおのやすまろ》であり、『万葉集』の歌人のひとりである大伴家持《おおとものやかもち》でした。

さて、日本語では、濁音で始まる言葉には、不快感、不潔感が感じられるものが多いと書きましたが、もしそのことを山上憶良が知っていたとするならば、彼はわざとこの「ビシビシ（びちょびちょ）」という音を表す言葉を使ったのでしょうか。

梅の花の美しさ、季節の移り変わり、はては天皇・皇族の徳を称える歌などを見ると、濁音で始まる言葉など、決して使うことはありません。

憶良が詠んでいるのは、「貧窮して、生活に喘ぎ苦しむ人が風邪を引いて、鼻をビチョビチョに濡らしてズルズルと啜る『音』」なのです。

これは、じつは、当時としては、画期的なことだったと思われます。

「鼻ヒシヒシ」と「鼻ビシビシ」

みなさん、マンガはよく読みますか？

人が走るマンガの場面を思い浮かべてください。

その人の足元に「タタタタタ！」と書かれているのと「ダダダダダ！」と書かれていたの

とでは、どんな違いを感じるでしょう。

濁点を表す「てんてん」があるかないかで日本語は、まったく異なる意味を読者に伝えることができるのです。

じつは、憶良の時代でもそうでした。

憶良がもし「ビシビシ」を「ヒシヒシ」と書いていたら、この歌はきっとつまらなかったのではないかと思います。

あとで詳しく説明しますが、当時「ヒシヒシ」と書いたものを、日本人は「ピツィピツィ」と発音していました。

「ピツィピツィ」では、風邪を引いてもう鼻がビチョビチョでズルズルでどうしようもないという汚さや哀しさや貧しさをうまく擬音化できません。だからこそ、あえて憶良は和歌では格調を破る（つまり「破格の」）濁点のある「ビシビシ」という言葉を語頭に使ったに違いないのです。

読んだ人は、「ビツィビツィ」って「ほんとに哀れだよね〜」と言って笑いながら、袖で鼻を拭ったりしたのではないでしょうか。

「タタタタタ」と「ダダダダダ」にも感覚的な違いがあります。

「ダダダダダ」の方が、向かう方向に対する力強さを感じます。地面に対する重さを感じます。歩幅の大きささえ感じるかもしれません。

憶良の「ビシビシ」は、慣習を打ち破って、日本語における書き言葉の可能性を大きく開いたものだったのかもしれないのです。

森鷗外の「V」への挑戦

さて、万葉の時代から、明治、大正の時代に目を移して、我々が使う現代日本語のもとになった近代の日本語について考えてみたいと思います。

「五十音図」と言った時、おそらく多くの人は「あ」から「ん」までの音図を思い浮かべることでしょう。

今の国語辞典、教科書には「濁音」の表に「半濁音表」が付いています。

「がぎぐげご　ざじずぜぞ　だぢづでど　ばびぶべぼ」と「ぱぴぷぺぽ」です。

ですが、現実の日本語表記には、他にも濁点がついた言葉を見ることがあります。

たとえば、「ヴェネチア」、「ヴィクトリー」は、「ウ」に「てんてん」がついたものです。

これは、外国語の「V」を書き表すために、明治時代末期から大正時代初めに作られた新しい文字です。

大正三（一九一四）年の勝屋英造編『外来語辞典』には「バイオリニスト Violinist（英語）

正しくは『ヴァイオリニスト』、ヴァイオリンひき。ヴァイオリン奏手」と記されています。

明治十三（一八八〇）年に、音楽教育者、ルーサー・ホワイティング・メーソン（一八一八〜一八九六）が、わが国に初めてバイオリンを持って来て、文部省音楽取調掛（現・東京藝術大学音楽学部）で、ピアニスト、バイオリニストの幸田延《こうだのぶ》や雅楽奏者の上真行《うえさねみち》にバイオリンを教えます。

幸田延は、明治の文豪・幸田露伴の妹です。

さて、メーソンは、アメリカ人です。

当然、我々が英語の発音を習う時のように、下唇を噛んで「v」の発音をして「ヴァイオリン」と発音をしていたに違いありません。

This is my violin. You play the violin very good!

「ヴェリー　グッド」も、下唇を噛んで発音する「V」ですね。

上下両方の唇を合わせて発音する日本語の「ブ」とは、まったく異なる音です。

文部省音楽取調掛の人たちも、幸田延たちも、きっとメーソンから口の動きを示されて「バイオリンではありません。ヴァイオリンと発音しなさい」と言われたに違いありません。

そして、おそらく言われるままに発音したのでしょう。

ですが、当時の日本語の表記には「V」を表すための仮名はありませんでした。「バイオリン」と書く他に表記の方法はなかったのです。

はたして、本当に「ヴァ　ヴィ　ヴゥ　ヴェ　ヴォ」の発音を仮名で書くことはできないのか？

ドイツに留学した医学者であり文豪の森鷗外《もりおうがい》は、これに挑んだのでした。

鷗外に『ヰタ・セクスアリス』という小説があります。当時、このタイトルがあまりに猥褻《わいせつ》だという理由で発禁処分を受けた本です。

内容はまったく猥褻なものではありませんが、人の気を惹く魅力的なタイトルです。ラテン語から日本語に訳すと「ヴィタ（生活）」と「セクスアリス（性的）」で、「性生活」という意味なのですから。

さて、ここで注目したいのは、その発禁のことではなく、鷗外がタイトルの「ヴィ」を、ワ行の「ヰ」で書いていることです。

現代の「ワ行」は「ワ」と「ヲ」しかありませんが、一九四六年まで使われた教科書には「ワ・ヰ・ヱ・ヲ」がありました。鷗外は、この「ヰ」を使っているのです。

これでは「ウィタ」じゃないか？　と思われるかもしれません。

ですが、鷗外はドイツに留学をしています。

ドイツ語では「Wi」は「ヴィ」と発音されるのです。たとえばオーストリアの「ウィーン」は「Wien」と書いて「ヴィエン」と読まれますし、車のメーカーBMWは、「ベーエムヴェー」と呼ばれます。

鷗外は、ドイツ式の発音を表現するため「V」を「ヰ」で書き表したのです。

意味で訳す中国語・音を再現する日本語

「ヴァイオリン」などのように、それまで日本になかったものが外国から入って来ると、日本では、そのモノの名前などを可能な限りオリジナルに近い形で表記・発音する方法を選びます。

その結果として、「V」を「ヴ」と書く、五十音図にはない表記が生まれてくることになるのです。

話が少し逸れますが、中国語のことについても触れておきましょう。漢字だけを使って文章が綴られる漢文や中国語は、日本語に大きな影響を与えたからです。

たとえば、中国語では「ヴァイオリン」を「小提琴」と書きます。

これは、「小さくて、手に提げることができる大きさの弦楽器」という「意味」から訳されたものです。

中国では、基本的に外来のものを意味で訳することになっています。

日本のように外来語の呼称を、音でそのまま再現しようとするのとはまったく異なります。これは、あとで詳しく触れますが、日本語の〈カタカナ〉は、外来のものを受け入れるためのひとつのクッションとしての役割を果たしているのではないかと思われます。

文化の違いと言ってしまえばそれまでですが、外から入ってくるものを、すべて漢字で翻訳する方法は、時間と労力を必要としますし、誤解が多くなるように思えてなりません。そのため、中国でも外来のものを音で再現している語もあります。

たとえば、パソコンのシステムにGoogleのアンドロイドがありますが、これは中国語では「安卓」と書きます。

安全な机？

これは「アンドロイド」の「アン」の発音を「安」で、「ドロイド」の部分を「ドゥォーduo」と発音する「卓」で日本語の〈カタカナ〉のように「音」をそのまま書き表したものです。しかし、漢字の選択という点において、安という文字を選び、消費者に「安心感」を与えるように配慮がなされています。

「アンドロイド」という言葉を聞けば、フィリップ・K・ディックの小説『アンドロイドは電気羊の夢を見るか？（Do Androids Dream of Electric Sheep?)』、また本書をもとにした映画『ブレードランナー』を思い出す方もいるのではないでしょうか。この本と映画のタイトルは、中国語では、いずれも『銀翼殺手』とされています。『銀翼殺手』は、小説、映画のオリジナルタイトルをそのまま翻訳したものではなく、小説の内容から付けられたものです。

日本語がオリジナルタイトルを可能な限り音で再現するのと違って、中国語では、伝統的にそのものを意訳して漢語に変換する方法が取られています。同じ漢字を使う国でも、中国語と日本語では、言語の性質に基づく異なる文化の発達が起こったのです。

日本語と中国語において、言語としての大きな違いのひとつに、中国語にはオノマトペ〈擬音語、擬態語〉が非常に少なく、日本語は、オノマトペが非常に多いということが挙げられます。

日本語は、雨が「シトシト」降るのか、「ジトジト」降るのかで、その雨の状態、あるいは雨を感じる気分の違いが表現できます。

ところが、漢語では「霖々下雨（リンリンと降る雨）」と書くことはできますが、「シトシト」と「ジトジト」の違いを表す言葉がありません。

それに日本語の場合は「シトシト」と「しとしと」、「ジトジト」と「じとじと」と〈カタカナ〉で書くか、〈ひらがな〉で書くかによっても感じが違ってきます。

日本語と中国語との言葉に対する意識の違いについては、後でまた触れたいと思います。

わが国は、古来、新しいものを外国から取り入れ、それを吸収して、独自のものを作り上げてきました。

明治時代以来の科学技術面での発展などを挙げるまでもなく、〈ひらがな〉や〈カタカナ〉も、「漢字」という原材料を、うまく自分たちの文化に取り込んで、それを発展させたものです。

さて、こうした吸収と発展という文化形態の中で、耕された心の内面の表現とは、どのようなものだったのでしょうか。現代文学の基礎になった明治時代の文学作品から、少しこのことを取り上げてみたいと思います。心の動きを、言葉として表現するための「仮名」の役割についても考えてみたいからです。

江戸時代までの文学と訣別《けつべつ》して、近代の文学への地平を拓いたのは、坪内逍遥《つぼうちしょうよう》（一八五九〜一九三五）の『小説神髄』だと言われています。

小説の主脳は人情なり、世態風俗これに次ぐ。人情とはいかなるものをいふや。曰く、人情とは人間の情欲にて、所謂百八煩悩是れなり。夫れ人間は情欲の動物なれば、いかなる賢人、善者なりとて、未だ情欲を有《もた》ぬは稀れなり。（中略）よしや人情を写せばとて、其皮相のみを写したるものは、未だ之れを真の小説とはいふべからず。其骨髄を穿つに及び、はじめて小説の小説たるを見るなり。

坪内逍遥が、ここで言いたいことは、次のようなものです。

「新しい文学とは、江戸文学のように外から見た人の行いを描くだけではなく、内面の世界、心理の動きをこそ書くべきである！」

『小説神髄』が書かれたのは、明治十八（一八八五）年から翌年にかけてのことです。

この本は、文学を志す人々に大きな、爆発的影響を与えます。

明治中後期に書かれた二葉亭四迷《ふたばていしめい》『浮雲』、幸田露伴《こうだろはん》『五重塔』、尾崎紅葉《おざきこうよう》『金色夜叉』、田山花袋《たやまかたい》『田舎教師』、島崎藤村《しまざきとうそん》『破戒』など、いわゆる「心理描写」による近代小説の淵《えん》源《げん》は、『小説神髄』にこそあるのです。

さて、こうした明治の近代文学史で、必ず言われるのが、語尾の締めくくりをどう書くかという問題でした。

江戸時代までは「〜ぞ」「〜ぞよ」という学問の講義を写したいわゆる「ゾ式抄物《しょうもの》」と呼ばれるもの、「〜に候」「〜にて候」など主に手紙で使われる結び方などがあったのが、明治時代に入ると、言文一致運動により、これに替わるものが必要となったのです。

山田美妙《やまだびみょう》は「〜です」、二葉亭四迷は「〜だ」、尾崎紅葉が「〜である」という文末の調子を、それぞれ生み出しました。今でもこの三つの文体の調子は、そのまま使われていますが、「〜ぞ」「〜に候」という形式に重点を置いた江戸時代までの文学、文章のスタイルでは、明治以降の新しい「心理描写」や「リアリズム」は表現することができなかったのです。


「ざ」


さて、日本の明治時代の小説は、バルザック（一七九九〜一八五〇）やエミール・ゾラ（一八四〇〜一九〇二）など、フランス文学の「リアリズム」の大きな影響を受けています。「リアリズム」、すなわち現実を直視する精神性です。

江戸時代までの文学は、ひと言で表すと「勧善懲悪」という仏教思想に根ざしたものでした。善い行いをしていれば必ず今生《こんじょう》で、あるいは来世で報われるというものです。

ですが、はたしてそれは本当なのか――たとえそれが本当であるとしても、「現実」の苦しみが、もし社会の矛盾にあるとすれば、それは「革命」を起こしてでも、解決していかなければならないことではないのか、という考えが生まれます。

「矛盾」を感じそれを克服すること。じつは、これこそが社会を発展させるための大きな原動力なのです。そして、その「矛盾」は、言葉でひとつずつ説明ができるものでなくてはなりません。

「候文」「ゾ式抄物」の文章のスタイルは「心理描写」には適さないと考えて「〜です」「〜だ」「〜である」を生み出したのも、現実の（リアルな）人の心の動きと文章のスタイルに「矛盾」を感じる作家の思いがあればこそ、と言っていいでしょう。

「矛盾」は、「現実」を直視することからしか見えてきません。

現実をそのまま写して文章にする場合、たとえば、話者の言葉をそのまま仮名で表現することができるかという課題に突き当たります。

「はじめに」で述べた「V」の発音を日本語で書けるかどうか、という問題とも重なりますが、鷗外の場合はドイツ語の「W」の発音が「ヴ」であることから、ワ行の「ヰ」を使ったと先述しました。それに加えて、もうひとつ山田美妙の表記を紹介しておきたいと思います。

明治二十一（一八八八）年に出版された『夏木立』に見えるものです。

美妙は、「ツァ」の音を「さ゚」という文字で書いているのです。

　阿母《おツか》……今頃は嘸《さぞ》心配《しんぱい》をしてゐて……阿父《おとツ》さ゚んも……早く探しに来て呉れゝば宜《い》いが。

「阿父ざん」は、現代の仮名表記であれば「おとっつぁん」を表したものであろうことがわかると思います。

じつは、「つぁ」を「ざ」という半濁点を付けて書く方法は、美妙が発明したものではありません。

国語学者・沼本克明（一九四三〜）によれば一六六〇年代以降から中国語の「ツァ・ツェ・ツォ」の音を表すのに、また、同じく国語学者・古田東朔《とうさく》（一九二五〜）によれば、一八〇〇年代の初めには蘭学者がオランダ語を書き表すために、さらに式亭三馬が『浮世風呂』（一八〇九年〜一八一三年）において、すでに「ざ・ぜ・ぞ」が使われていたことが明らかにされています。

今となっては、半濁点「゜」は、「ぱぴぷぺぽ（パピプペポ）」にしか残っていませんが、リアルさを文字の上で書き表そうとした時に、日本語の表記の可能性として「半濁点」を付けたり、あるいは「濁点」を利用するという方法もあるのです。

「が」

もうひとつ、「が」という表記が過去に使われた例を紹介しましょう。

「ざ」を使った式亭三馬の『浮世風呂』です。

先にも述べたように、『浮世風呂　前編』には、「凡例」がひとつだけついています。原文にはこう書いてあります。

　常のにごりうちたる外《ほか》に白圏《しろきにごり》をうちたるは、いなかのなまり詞《ことば》にて、「おまへが」「わしが」などいふべきを、「おまへが゜」「わしが゜」といへる「が゜」「ぎ゜」「ぐ゜」「げ゜」「ご゜」の濁音としり給へ。

訳せば、「通常の濁音以外に、「゜」という白抜きの濁音記号を打ってあるのは、田舎の訛り言葉で、（江戸っ子）が「おまえが」「わしが」などというのを、（田舎の人が）「おまえが゜」「わしが゜」と言うような時に「が゜」「ぎ゜」「ぐ゜」「げ゜」「ご゜」の濁音を使うのだと思ってください」という内容です。

これではよくわからないと思いますので、もう少し説明しましょう。

三〇年ほど前のＮＨＫのテレビやラジオのアナウンサーの放送を聞いたことがありますか？

もしよかったらネット上で探して聴いてみてください。そして、今のニュースと聞き比べてみてください。

「あなたが」「わたしが」「石油が」「値段が」などの「が」の発音に違いがあることがわかると思います。

三〇年前の「が」は、鼻濁音と呼ばれるものでした。鼻から空気が抜けるような、甘く柔らかい感じのする「んが」という発音です。

これに対して、式亭三馬が書いた「か゜」は、固くてトゲのある「が」の発音です。たとえば、蝶々に似ていますが、大きくてちょっと気持ち悪い「蛾」の発音は、鼻から抜けないで口の先から出る「が」です。

一八〇〇年代の江戸っ子は、みんな鼻濁音の「んが」で話していました。

ところが、ここに東北から来た人たちが「か゜（ガ）」という音を使って話し始めます。「か゜」の方が、鼻濁音の「んが」より、発音も簡単ですし、音も遠くまで響きます。

江戸で「か゜」が記録されてから二〇〇年後、ちょうど西暦二〇〇〇年を迎えた頃には、NHKのアナウンサーをはじめ、全国で「か゜（ガ）」が、日本語の公用音となってしまったのです。

日本に生まれて、日本語を母国語とし、言語学や日本語にそれほど興味を感じないという人にとって、日本語は空気みたいなものです。

だから、あまり、その変化にも気がつきません。

そういえば、いつのまにか「んが」という音を聞かなくなったなぁ……と言う程度でしょう。

しかし、日本語だけではありません。英語もフランス語もドイツ語も、どんな言葉でも気がつかないうちに少しずつ変化していくのです。

「つねこ」さん

皆さんもよくご存じのように、現代日本語の表記では、清音の仮名に、「濁音」には「゛」、半濁音には「゜」を付けて、これを書き分けることになっています。

ここで少し、我々が話をする時、口からどのように「音」を発しているのかということについて触れたいと思います。

それは、表記された文字と、実際の発音とは、時代によって、あるいは表記の仕方によって合致しない場合があるという事実を知るためです。

さて、英語の辞書を使うようになると発音記号というものを習いますが、これは言語学では国際音声記号（International Phonetic Alphabet, IPA）と呼ばれます。どんな発音でも、正確に表記できる記号として、言語学の専門家たちが国際標準として決めたものです。

人と英語で話をしていて「え？　何て言ったの？」などとよく聞き返されるという方は、

発声する時の「音」の調整がうまくできていない可能性がありますので、ちょっと口の中の動きを意識しながら、この記号と合わせて練習すると、自分の発声を直すことができるようになります。

じつは、この発音記号は、日本語のローマ字表記とも密接な関係がありますし、古代の日本語の発音とも深い関係があるのです。

たとえば、「つねこ」という名前は、ローマ字でどう表記しますか?

政府が認定しているローマ字表記の方法には二つあります。ひとつは、訓令式と呼ばれるものでは「Tuneko」と書き、もうひとつのヘボン式では「Tsuneko」と書かれます。

ですが、フランス人に「Tuneko」と書いて見せると「チュネコ」と読まれてしまいます。「つ」と読んでもらいたかったら、「Tsu」と書かなければなりません。

ローマ字表記とひとことで言っても、世界共通で通じるものではありません。

言語学を勉強すると、それぞれの言葉の発音が、古代からどのように変化したのかを誰もがわかるようにするために、世界共通の「音」を表すための記号を覚えなければなりません。

「つ」と書かれる文字は、現代日本語でこそ「ツ」と発音されますが、『古事記』が書かれた七〇〇年頃の日本では、「ティュ」と発音されていました。発音記号で書くと「tʃʼiu」となります。先ほどの「つねこさん」は、当時なら「ティュネコさん」と呼ばれていたのです。

現代日本語の発音は、いきなり出てきたわけではありません。古代から、人が感じないくらいのゆっくりとしたスピードで変化してきたのです。

「ティュネコ」から「ツネコ」へ

さて、七〇〇年頃、つまり今から一三〇〇年ほど前に、現代日本語の「ツ」は「ティュ」と発音されていたという事実が、なぜわかるのでしょうか。

それは、『古事記』や『日本書紀』が、万葉仮名を使って書かれているからです。

万葉仮名とは、中国大陸や朝鮮半島で当時使われていた漢字音で、日本人が発音している「音」を書き表したもの、つまり「当て字」です。先ほども触れましたが、「ア」を「阿」、「キ」を「希」、「ク」を「久」などと、日本語の発音を、ほぼ同じ発音の漢字で書き表したものです。ただし、当て字する漢字は、必ずしも一文字ではなく、「あ」には阿の他に、足、安などを当てることもありました。

たとえば、〈ひらがな〉の「つ」、〈カタカナ〉の「ツ」は、漢字「川」から作られました。「川」の当時の漢字音は、「ティュアン（[tʃʼuɜn]）」でした。こうしたことから、当時の「ツ」は「ティュ」という音だったとわかるのです。

もちろん、他にも例証はたくさんあります。先に挙げた山田美妙の「ざ」とも関係がありますので、もう少し詳しく触れておきましょう。

「お父さん」の「父」は、『古事記』などに「まろが知」と書かれるように「ち」を語源としています。ただ、「ち」の当時の発音は「ティェ」です。それが、奈良時代末期『万葉集』の時代になると「ちち（ティェティェ）」と変化します。「ちちうえ（父上）」という文章語は、ここから生まれてきますが、口語では「てて」という言い方も発生します。

これは、「ちち」が当時「ティェティェ」と発音されていたからなのですが、中国語の音韻を表す介音《かいおん》「ィ」（「テ」から「エ」に繋がる舌の動きで自然と出てくる音で、「渡り音」とも呼ばれます）が弱く発音されることで生まれてきたものなのです。

鎌倉時代末期の関東地方では、おそらく「て」はすでに現代の日本語と同じ「テ」の発音に変わっていますが、京阪神ではまだ「て」は「ティェ」という発音で、「つ」も「ティゥ」のような音だったと考えられます。一三三〇年頃、あるいは一三四九年頃に編纂されたとされる『徒然草』は、「ティゥレ・ディゥレ・クサ」と呼ばれていたのだろうと思われます。

しかし、江戸時代になるともう京都でも「たちつてと」は現代日本語とほとんど変わらない「タチツテト」の発音になっています。

「父」を呼ぶ「てて」は俗語としては残っていきますが、江戸時代前期には「とと」、あるいは尊敬丁寧を表す「お（御）」が語頭に、また「さま（様）」が語尾に付けられた「おととさま」が使われるようになっていくのです。

「てて」また「おてて」では「手」を表す言葉と同音衝突をしてしまうからです。

さらに「とと」「おとと」「おととさま」は、江戸時代中期までには同音の連続が促音便化し、「おとっちゃん」「おとっちゃん」「おとっさん」「おとっつぁん」となりますが、これを丁寧な言い方で言おうとする意識が「おとうさま」を生むことになるのです。

発音は、本当に、気づかないままに変化していきます。それぞれの時代には、それぞれの発音の体系があるのですが、録音された資料などがないので、それを追体験的に聞くことはできません。ただ、言語学の勉強をすると、発音が変化したことを知り、昔の人たちがどんな発音で話をしていたかもわかってきます。

まずはここで、書かれた文字は同じでも、過去と現在とでは、発音がまったく異なることもあるという事実を知っておいて頂ければと思います。

『舞姫』と『こころ』

もう一度、明治時代の文豪の話に戻りたいと思います。

皆さんは、森鷗外（一八六二〜一九二二）の『舞姫』を読んだことがありますか？

石炭をば早や積み果てつ。中等室の卓のほとりはいと静にて、熾熱灯の光の晴れがましきも徒《あだ》なり。

という言葉で始まる文章です。ここで、発音や表記という問題ではなく、「国語」と呼ばれる日本語に対する意識について考えてみたいと思います。

『舞姫』は、二〇二一年度までは、高校三年生で読む、定番の教材として使われていましたので、読んだことがある人も少なくないと思います。

しかし、二〇二二年度からの新しい教科「論理国語」の導入で、高校では「文学」を学ぶ機会は少なくなります。いずれ鷗外の『舞姫』は読まれなくなってしまうことでしょう。

「国語」については、また別の章で詳しく述べますが、「文学」が国語から消えた原因のひとつは、先生たちが、明治時代の文豪の言葉を、理解して生徒に伝えることができなくなったからなのです。

必ずしも先生たちの勉強が足りないというわけではありません。鷗外が『舞姫』を書いてからすでに一三〇年以上が経過し、鷗外が使った言葉の感覚を享受できる限界を超えてしまったからです。

鷗外の『舞姫』は、小説家・井上靖（一九〇七～一九九一）の「現代語訳」が筑摩書房から文庫本で出ています。言い替えれば、『舞姫』は、現代語訳を読まないと、国語の先生でさえ、もう読み解くことができない遠い過去の言葉で書かれた「古典」になってしまったということなのです。

もちろん、『舞姫』が発表された当時、読者はこれを難しい文体だなんて思いもしませんでした。

明治二十三（一八九〇）年『国民之友』一月号に発表されると、みんながこの小説を読んで、作者・鷗外の私生活にまで及ぶ問題作として大評判になるのです。

それでは、夏目漱石《なつめそうせき》（一八六七～一九一六）の『こころ』はどうでしょうか？

鷗外の文章に比べて、なんと読みやすいことか、と思われるのではないでしょうか。

『こころ』は大正三（一九一四）年に『朝日新聞』に連載された小説です。

わずか二四年の違い、また発表されたメディアの違いによって、こんなに文体に違いが出てくるものなのでしょうか。

じつは、森鷗外と夏目漱石は、それぞれ「文学」に対する「想い」が違っていたのです。

そして、それは「国語」に対する意識も同様です。

話が「あ」や「ぎ」からずいぶん遠くなってしまいましたが、この後、マンガで使用される国語表現についても詳しく見ていきます。そこにいく前に是非、鷗外と漱石を代表として、彼らの「国語」に対する意識について思いを馳せてみたいと思うのです。

なぜなら、彼らが日本語と格闘した明治、大正という時代は、ある意味、情報通信革命でコミュニケーションが大きく変化している現代と同じく、一大転換期だったからです。

まさに、現代の新しい日本語の表現について考察する際、重要な参考になるのです。

もし漱石が『舞姫』を書いたら

もう一度、鷗外の『舞姫』を見てみましょう。

石炭をば早や積み果てつ。中等室の卓のほとりはいと静にて、熾熱灯の光の晴れがましきも徒なり。今宵は夜ごとにここに集ひ来る骨牌仲間も「ホテル」に宿りて、舟に残れるは余一人のみなれば。

これを漱石風に書いてみたらどうでしょう。

私はひとりでその客船の中等室にいた。船はもうすでに石炭を積み終えていつでも出

　港できるようになっていた。いつもであれば骨牌遊びにやって来る仲間も、今夜は船が出港しないと知らされてホテルに泊まりに行っている。私は、煌々と輝く熾熱灯の輝きにかえって空虚さを感じていた。

　ぼくの「漱石風」訳では、まったく鷗外の醸し出す雰囲気は出てきません。鷗外の雅文体からは、外国の港に停泊する船に打ち寄せる波の音、霧笛、デッキに出たら聞こえるであろう港街の喧騒や哀しさなどが醸し出されています。

　もちろん、それは、ぼくの脳が鷗外の綴る視覚的・聴覚的語感から連想するイメージでしかありませんが、鷗外の語彙の並べ方は感心する他ありません。

　具体的に言うと、「早や」「果てつ」「ほとり」「晴れがましき」「ホテル」と、空虚感のある「ハ行」音で雰囲気を作りながら、一直線に攻め矢が肉薄する語感を持つ「シ」で始まる「熾熱灯」などという言葉を使って、自分の心の中にスポットライトを当てていくのです。

　さらに言えば、「熾熱灯」の「熾」は、当時の人であれば、すぐに頭に浮かぶ「有栖川宮熾仁《たるひと》親王」の名前でしょう。

　明治維新とともに、最高職・総裁に就き、西南戦争では鹿児島県逆徒征討総督を務め陸軍大将に任命された人です。当時、鷗外は陸軍軍医で、そのトップにいたのが有栖川宮熾仁親王です。さらに言えば、『舞姫』が書かれた四年後、一八九四年に勃発する日清戦争では、熾仁親王は参謀総長として広島大本営に入ることになるのです。

自分の命より「国家」を優先すべきだと考えていた鷗外は、豪遊ができるほどの官費をもらってドイツに留学していました。しかし、その留学中に、プロスティチュート（売春婦）と言われても不思議ではない「舞姫」と関係を持ってしまったのです。

明治天皇を「エンペラー」として仰ぐという明治政府の熾熱灯のような光の下に、わが身を置いてみて、「言行に恥づるなかりしか」（海軍兵学校の「五省」にある言葉で、これは昭和七（一九三二）年に少将・松下元によって書かれたもの。もちろん鷗外はこの言葉を意識してはいません）と問う鷗外の一文は、まさに「明治」という意識空間に比重を置いたロマンチシズムにぴったりの言語体系で書かれたものなのです。

もし鷗外が『こころ』を書いたら

それでは、こんどは漱石の『こころ』を鷗外風にやってみましょう。

余に、常に先生と呼びし人あり。故にここにもその氏名を記さず「先生」と書かむ。さるは余にとりて斯く書くこそ当に自ずから然しむ所にて、世を憚る遠慮に非ざるなり。

余、かの人を思い出す毎に、「先生」と呼ばんか。はた、筆を執らんとするも同じなり。頭文字にて記すなどもいたづらなり。

若い頃は漢文漢詩が大好きで、二松学舎にも通ったという漱石です。『こころ』を雅文体で書くことなどお手のものだったに違いありません。

でも、どうして漱石は鷗外のような文体を使わなかったのでしょうか。

漱石も鷗外と同じように官費でイギリス留学（一九〇〇〜一九〇三）を果たしますが、経済的困窮などによる神経衰弱によって帰国を余儀なくされます。

そして、悶々とする大学教員生活を経て、朝日新聞社に入社し、小説家への道を歩み始めます。明治四十（一九〇七）年、漱石四十歳の時のことでした。

漱石は、江戸っ子です。

津和野藩（現・島根県）出身の鷗外が明治政府の威厳に阿諛《あゆ》迎合するのに対して、江戸っ子である漱石はこうした権威を「茶化す」力に長《た》けていました。

「茶化す」文化とは、江戸時代後期の江戸っ子の「粋」に通じるものです。漱石などから見れば、長州・薩摩の新政府を作った人たちやそれに迎合する鷗外などは、「野暮」に映ったに違いありません。

漱石のデビュー作『吾輩は猫である』（明治三十八（一九〇五）年）は、江戸の落語的要素もふんだんに取り入れ、猫の眼で人間の社会を観察するという、いわば「倒立した世界」を描いて絶大な人気を得たのです。

こんなことは、鷗外には、決してできないことでした。

さて、漱石の文章で特徴的なことのひとつがここに出てきます。「ない」という否定詞の使い方です。

『こころ』には、「本名は打ち明けない」「よそよそしい頭文字などはとても使う気にならない」という一文があります。

この「ない」は、『吾輩は猫である』の冒頭にもあることを、皆さんもお気付きでしょう。「名前はまだ無い」「いくら考え出そうとしてもわからない」「別にこれという分別も出ない」など、漱石の文章を読んでいると、「ない」尽くしかと思うほどです。

これは漱石の考え方とも無関係ではありません。

漱石が小説を書き始めたのは、日露戦争後、一九〇五年以降のことです。

大国ロシアに、極東の島国である日本が戦争で勝つなんて、誰も思っていませんでした。日本人だって負けるに決まっていると思って戦争を始めたのです。しかも、イギリスとアメリカから莫大な借金をして（低利・長期返済ですが、太平洋戦争中も支払いを滞らせることなく、完全返済し終えたのは一九八〇年代！）の戦争だったのです。

漱石は、「これは、よくない」と思うのです。「日本は、どうやら変な方に向かっているに違いない」と。

文学の表現研究に、言語学的分析は不可欠です。ぼくは、鷗外や漱石の人間性や文学の是非を問おうとしているわけではありません。後世に残る偉大な文学作品から読み取れる言語表現から、彼らの意志を汲みとりたいと思うだけです。

言葉は変わっていくものです。

発音も変わります。表記も変わります。一定したものなどありません。

本章冒頭に挙げたマンガ家・高橋留美子が、既製の表現を超越して若い読者層に影響を与えたように、鷗外や漱石も、新しい表現によって読者を魅了していきました。

高橋留美子の「あ」「ん」「がろ」と同じように、鷗外や漱石が開拓した文学は、既製の日本語表現を超える力でもあったのです。

鷗外と「刺し違え」た漱石

ぼくは、漱石の『こころ』（一九一四年）は、鷗外『舞姫』との「刺し違え」であったろうと考えています。漱石は、旧来のものに対して、命を賭けて臨み、新しい文学の地平を拓こうとしたのです。それは、繰り返しになりますが、新しい日本語の表記や表現とも無関係ではありません。

漱石は、『舞姫』の「パロディ」として「心」（「心」を『こころ』と漱石に無断で改題したのは、この本の出版で古本屋から出版書肆《しょし》に転じた岩波茂雄です）を書こうとしたのではないかと、ぼくは考えています。

漱石は、乃木大将の殉死をまって自殺する「先生」に、「明治」という「国家」優先の時代の終焉を象徴的に描きます。

しかし、「先生」は「国家」を最優先と言いながら、友人を「死」に追いやって、好きな女性を手に入れるという「私欲」を満たしたことで、社会で表立って生きていくことを自ら放棄せざるを得なくなっています。

鷗外の『舞姫』が、「舞姫」を手に入れて「私欲」を満たしながらもそれを捨て、「名誉欲」と「国家」への忠誠を誓うというのとは、明らかに「倒立」の世界が描かれているのです。

漱石の有名な講演のひとつに「私の個人主義」（大正三〈一九一四〉年十一月二十五日）があります。これは、「心」の連載が終わってから約三か月後のことでした。

漱石は、この中で、「何の目的ももたずに、外国へ行ったからと云って、別に国家のために役に立つ訳もなかろうと考え」て、英国への留学を断ろうと思ったと書いています。しかし、留学中に、漱石は「自己本位」という言葉を「発見」するのです。

「自己が主で、他は賓《ひん》（客体――筆者注）であるという信念は、今日の私に非常の自信と安心を与えてくれました。私はその引続きとして、今日なお生きていられるような心持がします」と、漱石は書いています。

そして、こう言うのです。

「豆腐屋が豆腐を売ってあるくのは、けっして国家のために売って歩くのではない。根本的の主意は自分の衣食の料を得るためである。しかし当人はどうあろうともその結果は社会に必要なものを供するという点において、間接に国家の利益になっているかも知れない」

漱石は、この講演から二年後、亡くなってしまいますが、講演が行われた一九一四年は、第一次世界大戦の勃発に乗じて、大日本帝国が中国の山東半島を占領するなど中国大陸への進出の足掛かりを付け、「国家主義」「伝統主義」を標榜して、「自己本位」あるいは「個人主義」という、「個人」と「国家」の間にあるべき「柔らかい紐帯《ちゅうたい》」を根こそぎ失わせる方向へとシフトする時だったのです。

雅文体に対する「言文一致体」、「太田豊太郎と舞姫」対「先生と奥さんの関係」など、『舞姫』とまったく対照的なものが入れ子構造になってうまく組み上がっている漱石の『こころ』は、「パロディ」と言ってもいいほどです。

ですが、このパロディは、講演「私の個人主義」を読むと、もはやパロディではなく、鷗外と「刺し違え」てしまうところまでいったのではないかと思われます。

「恋は罪悪ですよ（「心」第十二回）」と書く「心」こそ、漱石が最後まで書き終えた長編小説だったのです。

鷗外の「雅文体」「旧仮名遣い」の勝利

さて、鷗外と漱石の「国語」に対する意識の違いは、明治四十一（一九〇八）年六月に開催された臨時仮名遣調査委員会、第四回委員会で明瞭になります。

この委員会は、近代の日本語史上、とても重要なものでした。

戦後まもない一九四六年十一月に施行された「現代かなづかい」に先んじて、じつは「言文一致」という理念に基づく「国語」の改正は、ここで行われるはずでした。

改訂案の原案を作ったのは、漱石のイギリス留学を計画し、漱石が書くわかりやすい言文一致体の文体を広く「拡げる」ことにも尽力した言語学者、上田《うえだ》万年《かずとし》（一八六七〜一九三七）です。

上田万年は、それまでの国学者による「国語」の研究を、言語学から見た「日本語」の研究に置き換える必要性を説き、「言文一致」を具体的に推し進める政策こそ必要だと考えていたのです。

しかし、その企ては、臨時仮名遣調査委員会、第四回委員会の鷗外の演説で、空しく潰えてしまいます。

鷗外は、臨時仮名遣調査委員会の委員に選ばれていましたが、この時「で此席へは個人として出て居りますけれども、陸軍省の方の意見も聴取って参って居りますから、或場合には其事を添えて申そうと思います」と切り出すのです。

具体的な「かなづかい」についての矛盾は、さらに後の章でも触れたいと思いますが、もし、この時、旧仮名遣いが廃止されていたら、あるいは大東亜戦争（「太平洋戦争」の呼び方は連合国軍最高司令官総司令部によるもので、戦前、日本ではこのように呼ばれていた）を回避することができたのかもしれないのです。

それは、「言文一致」が、漱石の「自己が主で、他は賓である」という思想を闡明《せんめい》にするのになくてはならない国語の「思想」だったからです。

上田万年の狙いは、自分が考えるように話し、話すように書くようにする文体を確立させると同時に、うやむやのうちに人を煙に巻いてしまう雅文体から、リアルに物事を直視してそれを写生する文体への転機にすることでした。

そして、鷗外らの「雅文体」「旧仮名遣い」は、高等教育を受けなければ習得できないものので、教育の格差を助長する力を保持するものだったのです。

こういう言い方が許されるならば、鷗外の「雅文体」は、虚仮威《こけおど》しです。そして、『舞姫』の主人公・太田豊太郎は、権力に屈して虚仮威しの手先になった「自分」を描いたものなのです。

「ことば」とは、江戸時代までの歴史を見てもわかるように、元来、支配者に属するものです。近現代において言えば、支配体系と言語体系が両輪であるという事実は、「教科書」の存在によって我々が言語を習得するということからも理解できるでしょう。

そういう意味で言えば、政治家あるいは権力者の「ことば」に対して揚げ足を取るジャーナリストも、「ことば」を「ことば」で攻撃しながらも、結局「ことば」でごまかされてしまうのです。

「既製」を超越する力

明治時代の学制以来、大半の日本人は、日本国が認可した、あるいは国定の「教科書」によって日本語や日本人としての感性を学んできました。

「教科書」とは、別の言い方をすれば、すなわち「政治的言語的権力」です。

戦後まもなく、急激な民主化政策が行われた昭和二〇年代、小中学校の授業は、それまで習っていた教科書に対して、先生の指示に従って生徒が「軍国主義」的な言葉に「墨塗り」をするものでした。

昨日まで信じていたものが、八月十五日の終戦とともに全部「嘘」だとして、教科書の文章、言葉を「抹消」していくのです。

なんというショッキングな授業でしょう！

さきに鷗外と漱石の例を挙げましたが、もちろん鷗外は「政治的言語的権力」側にいます。それに対して漱石は、「教科書」などという「国家」から与えられたものから逸脱した自由こそ、我々が求めるものなのだという「民衆、あるいは庶民」側の立場に立っています。

民衆側、庶民側が、必ずしも「反権力」とイコールではありませんが、教科書という国家から与えられたものに対して、それでは抑え切れない欲求や欲望を噴出させるためには、自分の目でものを見て、自分なりに考え、そして自分なりに自由に表現する言葉が必要になるのです。

写生文

ところで、皆さんは絵を描くことが好きですか？

人物や風景を、見たままに書くことができますか？

見たままに描くことを「スケッチ」といいますが、「スケッチ」という言葉は「即座に」「即興で」という意味の古代ギリシャ語に由来します。

日本語ではすでに室町時代に「写生」という言葉がありました。ただ、室町時代の「写生」は、人の気品や、生き生きと漲《みなぎ》る気韻《きいん》を、漢詩漢文、書、絵画、芸能で映し出せるかというものでした。

しかし、明治時代にフランスで「デッサン」を習ってきた画家・中村不折《なかむらふせつ》（一八六六～一九四三）は、「客観的に、見たまま、ものを写し取ること」、つまり「リアル」さを自分の眼で発見し、筆で再現することこそが「写生」であると言い、それを友人である正岡子規《まさおかしき》（一八六七～一九〇二）に教えるのです。

子規は、「（紀）貫之は下手な歌よみにて古今集はくだらぬ集に有之候《これありそうろう》」と書いて和歌の世界に革命を起こした人で、漱石の親友です。

そして、子規は、漱石を含め、自分の仲間（高浜虚子《たかはまきょし》、河東碧梧桐《かわひがしへきごとう》、伊藤左千夫《いとうさちお》など）に

「写生文」という「文章による人や景色のデッサン」を教えるのです。

それは、「型にはまった書き方」「言葉遊び」「修辞技法」を捨てて、自分が見たまま、感じたままに書く方法です。

絵画で言えば、「印象派」と呼ばれる人たちの作品と言っていいでしょう。

たとえば、後期印象派のゴッホ（一八五三～一八九〇）の作品を思い浮かべてみてはいかがでしょう。

クネクネと天に向かって生い茂る糸杉、煌々と光る星など、ゴッホの絵は、古典的な絵画からすれば、前衛としかいいようのないものです。生前はまったく評価されることはありません。でも、どうしてゴッホはあんな絵を描くのでしょう。

ゴッホには、ヒマワリも人も糸杉も星も、あんなふうにしか見えないし、あんなふうにしか描けないのです。

人それぞれでいいのではないか――「個性」と言い替えることもできますが、人によって見方や感じ方が異なるのは当たり前で、そうであれば、その表現にも違いがあっていいのではないでしょうか。

ただ、それが評価されるかどうかは、誰にもわかりません。

でも、ひとつだけ間違いなく言えることがあります。

芸術家でも政治家でも同じですが、人物としての「品」は、どういう「理想」を持っているかによって決まります。「理想」の反対語は「現実」です。

「現実」に比重を重く置く人は「利益」を考えて動きます。

「理想」が高すぎる人は、狂騒的なヒステリーになってしまい、現実から逃避することになるでしょう。

漱石が胃を悪くしたのは、どちらかといえば「理想」が高すぎて、「現実」とのギャップに折り合いを付けられず苦しんだからではないのでしょうか。

しかし、それにしても、漱石の文章が今でも読者の心にスッと入って来るのは、漱石ならではの視点が、まるで写生画を見るように、素直に受け止められるからに違いありません。

マンガ家・岡本一平

さて、現代のマンガは、「太陽の塔」などで知られる芸術家・岡本太郎《おかもとたろう》の父、岡本一平《いっぺい》（一八八六～一九四八）によって拓かれたものですが、岡本一平をマンガ家として独り立ちさせたのは、漱石でした。

漱石の『こころ』が書かれたのと同じ大正三（一九一四）年、一平は、『朝日新聞』に「戦争漫画　陥落」を連載（八月三日～十一月十二日）しています。

一平は、漱石にそのマンガの才能を買われ、『朝日新聞』で「漫画漫文」を担当していたのです。

「戦争漫画　陥落」は、連載後まもなく十一月十八日には一冊の本となって出版されます。

その時、一平は「夏目漱石先生にまた僕のこの画集を観て頂く事が出来ると思うと嬉しくつて仕様が無い」と記すのです。

これは、漱石が、胃潰瘍で四回目の入院をして回復したことに触れたものですが、いずれにせよ一平は、漱石を慕っており、とても仲が良かったのでした。

一平が、日本語という面で、どれほど漱石の影響を受けていたのかはわかりません。

ただ、マンガに漫文を付けるという手法で、全国に「漫画」を広めた一平は、その後の田《た》河水泡《がわすいほう》の『のらくろ』、田河の弟子の長谷《はせ》川町子《がわまちこ》『サザエさん』、手塚治虫《てづかおさむ》への「漫画」というジャンルを創った人だったのです。

一平は「戦争漫画　陥落」で、次のような文章の書き方をしています。

「やアケエゼル（筆者注：「カイゼル」のこと）だ〳〵こん畜生が遣手《やりて》なんだぜ、今度の戦はこん畜生が引掻き廻しておつ始《ぱじ》めやがつたんだぜ。だが一寸《ちょいと》好い面だなア」「このおんじいが墺地利《オーストリア》の大将《てゑしやう》さ。息子を暗殺されやがつたんでむくれ出しやがつた。無理もねえや、もう七十幾つってえおんじいだ相《さう》だからなア」

「カイゼル」を「ケエゼル」、「始めた」を「おっ始めやがつた」、「大将」を「てゑしやう」、「七十幾つという」というのを「七十幾つってぇ」など、江戸っ子訛りをそのままリアルに写すなど、雅文体とはまったく異なる「写生文」の方法だったのです。

話すように書く

「話しているように書く」という方法は、江戸の文学にもありました。

「黄表紙（当時の絵本の一種）」の代表作『金々先生栄花夢《きんきんせんせいえいがのゆめ》』なども、会話の部分は、喋るように書いてあります。

なんでも江戸へ出《い》で　番頭株とこぎつけ　そろばんの玉はづれお・しこため山《（ママ）》と出かけて　おごりおきわめましやう

これは、「なんとしても江戸へ出て、番頭の地位まで上りつめて、算盤勘定をうまくやってのけ、シコタマ（「シコタマ（メ）山へ出掛けて」という言い方は、当時の洒落言葉）稼いで、贅沢の限りを極めましょう」という意味で書かれていますが、気がつきましたか？

「そろばんの玉はづれお」と「おごりお」の、目的格の助詞「を」が「お」と書かれているのです。

『金々先生栄花夢』が書かれたのは安永四（一七七五）年です。作者は恋川春町《こいかわはるまち》、本名倉橋格《くらはしいたる》という紀州徳川家附家老の家臣の家に生まれた武士です。

漢詩漢文、狂歌はおろか、浮世絵、黄表紙の挿絵なども書く教養人です。

そんな恋川春町が「を」と「お」の仮名遣いの間違いをしているなんて！

漱石の『吾輩は猫である』から一三〇年前、『こころ』からすれば一三九年前のことです。ですが、「を」と「お」の仮名遣いの間違いは、坂本龍馬（一八三五～一八六七）もしています。文久三（一八六三）年三月二十日付、姉乙女に当てた手紙に「国のため天下のためちからおつくしおり申候」と書いているのです。

さらに言うと、平安時代末期から鎌倉時代に「定家仮名遣い」というものを歌学において創った藤原定家《ふじわらのていか》（一一六二～一二四一）も、「を」と「お」の仮名遣いをどうすればいいのかわからず、「お」と書いたり「を」と書いたりと迷っているのです。

「お」と「を」の仮名遣いの間違いがなぜ起こるのかについては、また後で記しますが、ここでは、話すように書く方法だと、「文法」からはみ出てしまうものが必ずある、ということを知っておいて頂ければと思います。

『源氏物語』はなぜ読めない

「いづれの御時にか、女御、更衣あまたさぶらひ給ひける中に、いとやんごとなき際にはあらぬがすぐれてときめき給ふ有けり」で始まる『源氏物語』は、今から約一〇〇〇年前に書かれました。

いかがでしょう。すらすらと読めますか？

古語辞典と注釈書、それと本文に忠実かつ雅致《がち》ある林望訳（祥伝社）を参照して読んでいくと、とってもおもしろい時間を過ごすことができると思いますが、こうしたものなしに、闇雲に読み始めても、すぐに投げ出してしまいたくなるでしょう。

なぜかというと、当然ですが、当時の言葉がわからないからです。

なぜ、わからないかというと、『源氏物語』で使われている言葉が、今の時代で言えば、女子高生たちが話している言葉でそのまま書いているからです。

しかも、作者が思ったことなのか、作中の人物が思ったことなのかの区別もよくわからない言葉がたくさん出てきて、頭の中がこんがらがってしまいます。「文法」の大切さを実感するところなので、そこは謎解きのようなおもしろさもありますが、当時の日本語「文法」

という尺度を持ち出さなければ理解できない文学とは、「古典」であって、我々の感じる「リアルさ」からは程遠いものになってしまっていると言えるでしょう。

『金々先生栄花夢』の会話の部分、岡本一平の漫文も『源氏物語』も、当時の話し言葉を活写した「リアルさ」という点では、共通しています。

でも、問題は、その「リアルさ」が時代を経ると、読者にはわからなくなってしまう点です。

一〇年前に流行った言葉、二〇年前に流行った言葉、三〇年前……というように、辿ってみてください。

いつ頃までの言葉を遡って理解できると思いますか。

ぼくは、もうすぐ六十歳になります。父は、満洲国が創られ、五・一五事件が起きた昭和七（一九三二）年の生まれで、まもなく九十歳を迎えます。

父の言葉は、内容はもちろんわかりますが、発音も語彙も現代の日本語とは違います。古い言葉を使っているなぁと、ぼくは思うのですが、父は謡曲の師匠で、非常な読書家でした。とくに明治・大正・昭和・戦後までの文学作品について驚くほどの知識がありました。

父の頭の中にある言葉は、父が四十歳代頃までに構築されたものです。つまり一九七〇年代から八〇年代の言葉が父の総合的日本語語彙獲得の基礎なのではないかと思います。もちろん、それ以降の語彙も習得することに問題はありませんが、新しい語彙を身につけるための、あくまで「総合的」な言語野の獲得という点で言えば、ということです。

さて、そんな父の言葉を、もうぼくの息子はほとんど理解することはできません。ぼくの息子は今二十代中盤です。

つまり、ぼくの父（祖父）とぼくの息子（孫）の間には、約七〇年程の年の差があります。

ぼくは、彼らの中間にいて、両方の言葉を理解することができます。

しかし、ぼくの息子が言うことを、ぼくの父が本当にどこまで理解しているのかわかりません。

ぼくが両方の言葉をわかるように明瞭に、二人の間で話が伝わっているとは決して思えません。

言語の変化は緩やかです。緩やかですが、確実に「隔絶」を起こす形で変化していきます。大きく見ると一〇〇年単位ですが、もっと細かく見るとその変化は、およそ一〇年周期で起こっています。

ひとつの証拠は、江戸時代の商家の昇格の基準です。丁稚《でっち》から手代、手代から番頭、番頭から独立自営へと昇格していくことが「一〇年」の単位で行われていました。

これは、必ずしも「経験」の尺度だけを示すものではありません。対応する「顧客」の年代と言語活動による齟齬《そご》が起きないようにするための工夫だったのです。

漱石の『こころ』、岡本一平の「戦争漫画　陥落」は今から約一〇〇年前、恋川春町の『金々先生栄花夢』は今から約二五〇年前、『源氏物語』は今から一〇〇〇年前……同じ日本語でも、少しずつ「リアルさ」は褪《あ》せてミイラ化してしまうことになるのです。

言語は、一〇年単位で変化します。一〇年前の言葉ならまだわかると思います。ですが、これが三〇年の差になると、完全にはわからなくなってしまいます。「一世代」と言いますが「世」は「三〇年」を表す漢字です。「世」を「丗」「卋」（「十」と「廿」）と書いたりするのはそのためです。

マンガが活写するリアル

さて、リアルさを文字で的確に表現するということから、話が細かいところに及んでしまいましたが、マンガや劇画ほどリアルさの表現が求められるものはないのではないかと思います。

なぜマンガを読み始めると止められなくなるか、それは、リアル以上にリアル、つまり「超リアル」の時空に誘われていくからです。

こんな文字に遭遇します。

尾田栄一郎『ONE PIECE』（集英社刊）第590話の一場面

「あー」

「あー」では、言い表せない、濁った叫びなのでしょう。

心の底から出る、軋むように、絞るような、毒々しい、どぎつい、ぎりぎりの叫びと言えばいいのでしょうか。

でも、それは「ギャー」でも「ディュー」でもないものです。

言語学的解釈が作者のその時の気持ちに当てはまるかどうかはわかりませんが、母音の「アー」を発音しようとして、喉の奥の口蓋垂《こうがいすい》（通称「のどちんこ」）が音の流れを封鎖してしまって、どうしようもない感じがとても強く感じられます。

東村アキコの『ママはテンパリスト2』（二〇〇九年、集英社）では「やーッ」というママのテンパり具合を表す表現、また「うわ゙あ゙あ゙あ゙あ゙」という赤ちゃんの泣き声、「ゔわ゙あ゙あ゙あ゙あ゙」というママの子供以上に泣く対処法で、ふだん目にすることのない表記が使われています。

また、尾田栄一郎のマンガ『ONE PIECE』第五九〇話（集英社）には主人公が「仲間がいるよ!!!!」と叫んでいます。

場面としては、仲間たちが亡くなった後、主人公が再起を賭けて自信を取り戻すところです。

この「る」について、作者の尾田さんがどのように思っていたのかはわかりませんが、主人公の目に涙がいっぱい溜まっているところを見ると「仲間がいるよ」の「る」で、流れ出す涙が鼻に打ち寄せてきて、今にも悲しみをぶちまけながら、これが最後の涙だ！　というところを思いっきり表現しているように思えます。

Dr.スランプの叫び声

ところで、鳥山明のマンガ『Dr.スランプ』は、『週刊少年ジャンプ』（集英社）で一九八〇年五・六合併号から一九八四年三十九号まで続いて発表されました。

人間型ロボット則巻《のりまき》アラレを主人公にしたギャグ満載のマンガは、私がちょうど大学生の

鳥山明『Dr. スランプ』（集英社刊、電子書籍版コミック１巻）

時だったので、みんなが読んでいたのを思い出します。

その中に、（電子書籍版コミック一巻）に、次のようなものがあります。

もちろん「き゚」「え゙」を具体的にどう読めばいいのかはわかりません。ですが、小さなアラレちゃんが軽々と恐竜を持ち上げて運んで来たのを見た則巻千兵衛の驚きは、「ぎゃー」や「ぎえええーーー」とは違っていることは確かです。

「き」は、「金切り声」などを表す時に「キー」などと書かれるように、それだけでも高音の劈《つんざ》くような音感がありますが、これに「゜」が付くことで、脳天を突き上げるように高い、「キー」とも「ピー」とも書き表すことができない鋭い音感であることをイメージできます。

また「え゙」は、「き゚」とは対照的に、非常に低い音で、胸の奥、あるいはお腹の底に、非常に重いショックを受け、内臓まで飛び出しそうな感じがします。

マンガならではの文字表現

最近は、マンガ用のフォントなどもたくさん出てきているようですが、マンガの文字は基本的に、一般書籍とは異なる「手書き」の味わいも持っています。

吹き出しなどもフォントではなく、絵のようにインパクトを与えるように書き表すことができます。

次のようなものがありました。

吉田戦車の『伝染るんです。』という作品です。

黒板に貼られた、手書きで書いた紙には「み」の反対に似たような字が書かれています。先生に、なんと読むのかと聞かれて答える。子どもの言葉は印刷用フォントで「」となっています。

これは、先生を含め、主人公の周りの人には認知できない「」が、主人公の心、あるいは脳には、すでに確固として音と表記が一致して「存在している」ということを表しているように思います。

心の声、精神の叫びは、既存の「五十音図」では十分ではないのかもしれないのです。

吉田戦車『伝染るんです。』（小学館刊）

五十音図を発展させる

日本人の創造力、あるいは想像力は、どこまで羽ばたくことができるのかなぁと考えることがあります。

それは、もちろん、自分に対する大きな課題でもありますが、もうひとつ、「ありきたり」のもので満足できるのかどうかという思いです。

科学技術などのことは置いておいても、新しい文学というものが生まれてくるとするならば、もしかしたら、それは「ありきたり」の「日本語」を根底から変えるところから始める必要があるのではないか、と。

「明治維新」は、政治的転換点であったと同時に、「日本語」を根底から変える出来事でした。

それまで「いろは歌」で日本語の音と文字を習っていたのが、明治の前期以降に教育を受けた人たちは「五十音図」を習い、五十音図で検索できる国語辞典を使って、日本語の文法などをより正確に学ぶことができるようになったのです。

さらに言えば、「五十音図」は、母音と子音という言語学の基礎をも教え、外国語教育にも通じる非常に高度な工具です。

先述したように、情報通信革命が進む現代は、明治維新に続く一〇〇年に一度の大きな変革期に突入していると考えられます。そんな今だからこそ、五十音図を発展させて考えてみるべき時を迎えているのではないかと思うのです。

たとえば、英語でもフランス語でもそうですが、彼らは、よく「日本人はRとLを区別して発音できないのよね」と言います。

「らりるれろ」は「L」、ひっくり返して「らりるれろ」は「R」として五十音図にもう一行増やして、「R」と「L」の発音の区別を教えてはいかがでしょうか。

もし、中国語の巻舌音「R」も必要だというのであれば、九〇度反転させた「らりるれろ」の一行を足すことだってできるでしょう。

マンガの「あ゛」「え゛」「え゜」など、濁音半濁音を付けるという表現もあると思いますが、もっともっと、日本語の文字の可能性は、どんどん拡げていくべきではないかと思うのです。

2章 学校が教えない「あいうえお」の秘密

なぜ「国語」を習うのか

この章では、仮名や五十音図など、日本語の基本となるものがどうやって、いつ頃生まれてきたのかなどについて、お話をしたいと思います。

学校で習って一応は知っているつもりになっているのだけど、じつはやっぱり本当のところはわかっていないなぁというようなことについて謎を解き明かしていきたいと思うのです。

たとえば「を」と「お」、「は」と「わ」、「じ」と「ぢ」など、発音はほとんど同じなのに、どうして書き分けがあるのか、「てふてふ」はなぜ「ちょうちょう」と発音されていたのかなどについてです。

我々日本人は学校で、「国語」という教科を習います。なぜ「国語」を習わなくてはならないのでしょうか。

漢字、文法、品詞分解など、退屈で、何のためにこんなことをやっているのかと考えたくもなります。

「なぜ国語を習うのか」という「そもそも論」に対して、私はこんな答え方をしています。少し前置きが長くなりますが、お付き合いください。

子どもたちは、みんな悩みを抱えています。勉強、友だちとの関係、自分の容姿など、一言では表せないたくさんの悩みです。

大人になると、問題がどこにあるのか、どうやって解決すればいいのか、本を読んだり、自分で考えたり、人に相談することもできます。しかし、子どもは悩みや不安な気持ちを言葉にする力がまだ不足しています。言葉にできない気持ちは混沌としてもやもやしています。「ことば」に出せれば楽になるはずなのに、「ことば」にすることが難しいのです。

コロナ禍の影響で、「いのちの電話」が危機的な状況にあると聞きました。

「いのちの電話」は、一九五三年にイギリスで始まった自殺予防のための電話相談です。現在、わが国にもおよそ五〇以上の拠点がありますが、相談員の高齢化や深夜対応の削減などで、救える命に手を差し伸べることが難しくなっています。

さて、受話器の向こう側から、まったく知らない人に「死にたい」と言われたら、みなさんだったらどうしますか？

　ぼくも過去に「いのちの電話」の相談に何度か対応したことがありました。電話の向こうから、「もう死んでしまいたい」と訴える子どもに、どう言葉を返すべきか、本当に難しいことだと実感します。

「いのち」の語源は「息の内」、「息をしている間」という意味です。

『万葉集』には、奈良時代の歌人、平群郎女《へぐりのいらつめ》の「ありさりて後も逢はむと思へこそ　露のいのちも継ぎつつ渡れ」という歌が載っています。「時を経ても、いつかはきっと再び逢えると思うからこそ、露のようなはかないいのちでも繋ぎ止めながら暮らしているのです」と言うのです。

「いのちの電話」の相談員をしながら、ぼくが言っていたことがあります。

「一緒に、大きく深呼吸をしよう！」

　すると、不思議と心が通じ、冷静になれることが多いのです。

　大切ないのち、決してむだにしないようにと願います。ふだん何気なく使っているいのちという言葉ですが、語源を知ると改めて「息をしている間のこと」が「いのち」なのかと思ってしまいます。

　そして、「露のいのちも継ぎつつ渡れ」も、「息」を絶え絶えにしつつもひとつの息を次の息に繋いで、見えないいのちの綱を渡っているという深い意味に取れるのです。

というのも、息を継ぐことができるようになれば、次に声を出し、また言葉を紡ぐことができるからです。

自分の悩みや苦しさを、言葉にしてはっきりと言えるようになれば、解決の糸口は必ず見つかります。

言葉を覚えること、国語に強くなることとは、自分の言葉で、きちんと自分のなかのモヤモヤを、人にわかるように伝える力を養うことなのです。

すでに1章でも触れましたが、一八二〇年代からフランスで始まった「リアリズム」とは、まさに自分のなかのモヤモヤを、自分の言葉で伝えるために発達したものでした。

キリスト教はもちろん信じられていましたが、本当に神の国がいつかやって来るのかと、口に出せないままモヤモヤとみんな思っていたに違いありません。神の国とは「観念」です。「観念」と「現実」の境界はモヤモヤしたところにしかありません。こんなモヤモヤは古今東西に共通したものと言っていいでしょう。

はたして、マルクスが唱える共産主義は、資本主義の飽和の後にやって来るのか。

江戸時代までわが国で考えられていた勧善懲悪は本当に信じていいのか。いいことをしていれば必ず極楽に行けたり、人が必ず助けてくれる？　反対に、悪いことをすれば地獄に落ちる？　など。

キリスト教もマルクス主義も仏教も、もちろん信じて悪いというのではありませんが、少なくとも「リアリズム」の出現によって、世界観が変わったことは確かです。

「心」とか「精神」という便利な言葉も、ぼくは、そのうち使えなくなるのではないかと思っています。心理学はもちろん必要でしょうが、それより脳科学の発達によって「心」や「精神」も、脳のひとつの信号としてより科学的に明らかにされつつあるからです。

「リアリズム」とは、現実を直視することです。そして、直視した現実における苦悩などを、自らの言葉で表現していく方法なのです。

そういう意味では、言葉の持つ繊細さを教えることこそ、本当の「国語」教育なのだと思います。「神は細部に宿る」という言葉もあるのですから！

敗戦国の日本語改革

さて、一九四五年八月十五日を境に、日本は大きく変わりました。

ぼくは一九六三年生まれなので、その変わり目がどうだったのかを経験していません。

ですが、祖父母や父母、知り合いの話、また当時のことを記録したものを読んでいると、どれほど大きな価値観の変化が起こったのかを知ることができます。

軍国主義から民主主義への国家の価値観の変化はもちろんですが、当時兵隊に召集された人、また当時高校・大学生だった人たちは、目前にある「死の恐怖」から、この日、解放されたのです。

しかし、突然の「死の恐怖」からの解放は、「生きることの意味」と「生きるための方法」の摸索となって彼らの肩に大きくのしかかってくるのです。

そんな中、日本語にも大きな変化が起こります。

一九四六年十一月、口語体平仮名文で書かれた「日本国憲法」の発布からまもなく、文部省の「国語審議会」が作成した「現代かなづかい」「当用漢字」の使用が内閣訓令、告示されたのです。

子どもの頃から教わっていた日本語の書き方が、いきなり大きく変わりました。

視覚的に、一番大きかったのは、それまで新聞や看板で「右から左」に書かれていた横書き文字が、「左から右」に変わったことかもしれません。

そして次に漢字の形が、見た目にスカスカになったことでしょう。

「晝食」が「昼食」、「獨立」が「独立」、「澁谷區」が「渋谷区」、「學校」が「学校」など、簡単な漢字で書かれるようになったのです。

さらに、仮名遣いが変わります。

松尾芭蕉の振り仮名が「ばせを」から「ばしょう」に、「今日」は「けふ」から「きょう」へ、「〜してゐる」が「〜している」、「一郎」は「いちらう」から「いちろう」に変わるのです。

もう少し例を挙げれば、「蝶々」は「ちょうちょう」と書くのが新仮名遣い、「てふてふ」と書くのが旧仮名遣いです。「地面」は「じめん」と書くのも新仮名遣い、「ぢめん」と書くのが旧仮名遣いです。

この他にも、言葉をめぐる混乱がありました。

わが国は、一九四五年八月十四日のポツダム宣言受諾後まもなく、GHQ（連合国軍最高司令官総司令部）の占領下に置かれます。

そして、日本人に日本語を使うのを止めさせて英語を使わせるようにしよう、あるいは漢字を使わないで〈ひらがな〉だけにしてしまおうと、アメリカから招かれた「米国教育使節団」から「日本語改革」を要請されたのでした。

作家の志賀直哉《しがなおや》は、この時、日本語を捨てて、世界で一番美しいとされるフランス語を国語にしてしまえばいいと発言していますが、志賀自身、フランス語はまったく話せない、読めない、書けない人でした。国内ではさまざまな議論が起こり、日本語の大きな転換期を迎えたのです。

旧漢字と常用漢字について

少し、旧漢字と旧仮名遣いについてお話をしたいと思います。

戦後まもなく施行された「当用漢字」は、今は、名前を替えて「常用漢字」と呼ばれることになっています。

「常用漢字」とは、「一般の社会生活において現代の国語を書き表す場合の漢字使用の目安」とされ、現在二一三六字となっています。新聞雑誌など、一般の人たちが読むものは、基本的にこの「常用漢字」表に依って発行され、これだけの漢字を知っていれば、ほぼ社会生活に困ることはありません。

ただ、「当用漢字」という制限がなかった戦前は、とても多くの難しい漢字が使われていました。それが旧字体と呼ばれるものです。

旧字体は、「繁体字」とも呼ばれる中国の清王朝、康熙帝《こうきてい》の勅令によって編纂された『康熙字典』に基づく正式の漢字です。

「区」は「區」、「実」は「實」、「読」は「讀」、「点」は「點」、「観」は「觀」などが繁体字ですが、これら画数の多い漢字を、日本は独自に簡素化したのです。

ちなみに、中華人民共和国でも、簡素化した漢字（簡体字）が使われています。これは一九〇九年に、教育者・陸費逵《りくひき》が「普通教育（義務教育）には、俗字を採用すべきだ」という論文を書いたことがきっかけでした。その後、二〇〇〇年十月の「中華人民共和国国家通用語言文字法」制定に至るまでおよそ一〇〇年の歳月をかけて試行錯誤の結果、作られたものです。

中華人民共和国が、識字率、教育水準を上げるという目的で行った大改革です。

一方、台湾の人たちは、いまだに「繁体字」を使っています。しかし台湾の人たちが、識字率が低いわけでも、教育水準が低いわけでもありません。教育は人口とも関係します。台湾の人口はおよそ二三〇〇万人。これに対して中国大陸の人口は一四億人です。伝統的な繁体字を教えることの困難さは想像に余りあります。

繁体字は、筆画が多くて学習にも困難な印象を与えます。

しかし、本当に、繁体字を使うことが、識字率や教育の水準が低下する原因であるならば、それはもうとっくの昔にわかりきっていたことでしょう。もし、それがわかっていたにもかかわらず、紀元前五〇〇年頃から現代に至るまで繁体字を使い続けたとするなら、それはまさに「伝統」に毒された愚策に他なりません。

翻ってわが国では、明治時代の欧化政策の中で、漢字が文明開化、近代化を阻むものだという意識が拡がっていきます。

とくに、ヨーロッパ、アメリカに留学した経験がある、いわゆる「知識人」と呼ばれる人たちの間におこった考えです。

「漢字は難しい」「漢字を覚えるための時間をもっと他の勉強に使うことができれば、日本人はさらに偉大な発見、世界への貢献ができるに違いない」と、明治時代以来、福澤諭吉など多くの進歩主義者たちは言うのです。

そして、こうした西洋の文化を絶対だと考える人たちの主張が実現されたのが「当用漢字」と、それに続く「常用漢字」だったのです。

「てふてふ」と「チョウチョウ」

「漢字」のことに続き、少し「新仮名遣い」について述べておこうと思います。

一九四六年に始まった「新仮名遣い」は、「発音通りに書く」つまり「表音式」と呼ばれる「仮名遣い」を基本にしています。

「てふてふ」と書いたら「テフテフ」としか読みません。

ただ、古典の授業で、旧仮名遣いを習う時、これを「チョウチョウ」と読みなさいと、必ず教えられます。

でも、本当に、「てふてふ」は「チョウチョウ」と読むことができる表記なのでしょうか？

全然違います。

「てふてふ」を「チョウチョウ」と読むと子どもたちに教えている人たちは、ただ「そう読め」と教わったから、そう読んでいるだけなのです。

じつは、「てふ」は、漢字の「蝶」の音読みを、九〇〇年頃の人が便宜的に〈ひらがな〉で書いたものです。当時の〈ひらがな〉の表記と発音と、我々現代人の〈ひらがな〉の表記と発音は、まったく異なります。

しかも、現代の「チョウチョウ」という読み方は、当時の発音に似てはいますが、当時の発音そのままを再現したものでもないのです。

「蝶」が「てふ」という表記になったことについて、少し説明しましょう。

この「蝶」という漢字は、仏教、儒教の文献と同時に日本に入っています。飛鳥、奈良時代頃です。

この時代、まだ日本には〈ひらがな〉も〈カタカナ〉もありません。

彼らは、仏教・儒教の経典の漢文を音読みで読む方法を中国大陸、あるいは朝鮮半島からやってきた人たちに習っていました。

「蝶」も、当時の中国人から発音を習いました。今でいう「ネイティブ」の先生です。

ということは、当時の中国語の「蝶」の発音を習ったということになります。

当時の「蝶」の中国語の発音は、〈カタカナ〉で書くと「ディエップ」です。現代中国語の発音では「ティエ」です。日本語の発音が変化するのと同様に中国語の発音も変化してきました。

「蝶々」は当時「ディエップ・ディエップ」と発音されていたのです。なぜこのようなことがわかるのか、次に説明します。

「反切」という方法

奈良時代の日本語は、万葉仮名で書かれていました。

九〇〇年頃、平安時代に作られたわが国最古の漢和辞書『新撰字鏡』には、「蝶」は和語（「大和言葉」ともいう）で、「加波比良古」と呼ぶと書かれています。

和語の「加波比良古」は、現代の日本語の発音を再現して読むと「カパピラコ」となります。「波」は当時の中国語の発音では「パ」、「比」は「ピ」と発音されていたからです。「ヒラヒラ」と、それぞれの片羽を翻して飛ぶことから、付けられた名称だろうと思われます。

それでは、「蝶」は、中国語では、どのように発音されていたのでしょう。

『切韻《せついん》』には「蝶徒協反」と書かれています。これは、漢字を二つ使って、ひとつの漢字の音を表す「反切《はんせつ》」という方法で表されています。漢字二字を使って、ひとつの漢字の発音を書き表すなんてことを発明した人たちの言語学的才能には驚くしかありません。

最も基本的、簡単な「東」という漢字を使って説明しましょう。

『広韻《こういん》』には、「東、徒紅反」と書かれています。

「東」は「徒紅」を合わせることによって、その発音がわかるというものです。

反切の上の部分にある「徒」の字を「反切上字《じょうじ》」、下の部分にある「紅」を「反切下字《かじ》」と呼びます。

「東」の反切上字の「徒」はローマ字で発音を書くと「tou」となります。反切下字の「紅」は同じく「kou」です。

反切上字は「tou」の語頭の子音だけを選び「t」、反切下字は母音の分だけ選んで「ou」とし、これを合わせます。すると「t+ou」で「tou」という「東」の発音を導き出すことができます。

このような反切で、約三万の漢字の発音を示した『切韻』という韻書が、奈良時代にはわが国に輸入され、それを使って、当時の人たちは漢字の発音を勉強していました。

それは、遣唐使で中国に渡り、世界最新鋭の学問を学び、日本に持ち帰って来るためです。現代の我々が、英語を学ぶのと同じ理由です。

さて、「蝶」の発音「徒協反」に戻りましょう。

「徒」という中国語は、ローマ字で書くと「d」を表すための音符として使われる漢字です。また「協」は、当時の発音では「ki3p」でした。「d + i3p」で「蝶」は「di3p（ディェップ）」と発音されていたのです。

これが本書で取り上げている「濁音」とどう関係するのか、お気付きの方も少なくないのではないかと思います。

本来、唐の時代の人たちが発音していた「ディェップ」という発音が、日本語として使われるようになると「チョウ」に変わってしまうのです。

その経緯について触れておきましょう。

すでに1章でも触れましたが、奈良時代「タチツテト」は「ティア・ティイ・ティユ・ティエ・ティヨ」と発音されていました。

すなわち、「ディェップ」を、濁音や促音を表す記号のない仮名で書くと、「てふ（テフ）」となってしまいます。

およそ九八〇年頃、『源氏物語』が書かれる少し前の『宇津保物語』には、次のような文章があります。

我袖は、やどとるむしもなかりしを、あやしくてふのかよはざるらん

（私の袖には、虫たちさえ入ってこない。ただ、妖しい蝶々がやってくるだけだわ）

当時、「テフ」は「ディェップ」か「ティェップ」か、どちらかで発音されていたと考えられます。

さらにこれを「ティョフ」と発見するのは、鎌倉時代になる頃でしょう。「パピプペポ」の音の、弾けて出る「気」が出なくなって、ただ上下の唇を重ねるだけの「フ」という音になってしまうのです。

現代の日本語の「フ」は喉の奥から「気」を出しますが、当時はまだ唇を合わせるだけで出すとてもか細い音です。

このか細い音が、もっと弱まってしまうと「ティョゥ」となり、江戸時代までに「チョウ」と発音されるようになるのです。

こういう音韻変化があったからこそ、「てふ」と書いて「チョウ」と発音することになったわけです。

古典を教える先生が、生徒たちは「てふ」を「チョウ」と読めないと、ぼやかれるのを聞くことがありますが、そう仰る先生方も、じつは、「てふ」は「蝶」が「ディェップ」と発音されていたのを仮名で書いたものだということは、おそらくご存じない方もいらっしゃるのではないでしょうか。

濁音専用の仮名は作られなかった

ちょっと難しいお話だったでしょうか。

でも、こんな感じで、七世紀頃の中国語の発音がわかると、奈良・平安時代の日本語の発音がわかります。

同じように、十七世紀のポルトガル語、スペイン語の発音がわかると、イエズス会の宣教師が作った『日葡辞書』などを使って、同時代の日本語の発音がわかります。

世界地図を見ながら、日本の地図、日本のそれぞれの地域などを見て行くのと同じで、言語も複眼的に見ていくことで、今までわからなかったことが具体的に見えてくるのではないかと思います。

さて、濁音と清音の話に戻りましょう。

先述したように、「蝶」は奈良時代、日本でも「ディェップ」と発音されていました。これは、中国語の発音です。

平安時代、九〇〇年頃に、〈ひらがな〉と〈カタカナ〉が発明されました。このことについては5章で詳しく説明しますので、しばらくお待ちください。

当時、〈ひらがな〉〈カタカナ〉には、濁音や半濁音を表すものはありません。たとえば「た」と「だ」、「は」と「ぱ」を区別して、仮名を作ることだって可能だったと思うのですが、平安時代の人たちにとって必要はなかったので、あとから「゛」「゜」を付けることで「間に合わせた」のです。

〈ひらがな〉にも、〈カタカナ〉にも、「゛」「゜」の記号をつけて「がぎぐげご（ガギグゲゴ）」「ざじずぜぞ（ザジズゼゾ）」「だぢづでど（ダヂヅデド）」「ばびぶべぼ（バビブベボ）」「ぱぴぷぺぽ（パピプペポ）」がありますが、どうして、それぞれの音を表す専用の文字はないのでしょうか?

〈ひらがな〉〈カタカナ〉が作られるまで使われていた「万葉仮名」では、清音と濁音の区別がはっきりとされています。

　たとえば「か（カ）」は「加」、「が（ガ）」は「賀」、「と（ト）」は「刀」や「等」、「ど（ド）」には「土」や「抒」が、「ひ（ヒ）」には「比」、「び（ビ）」には「鼻」や「備」がというように、です。

もし、彼らがこれら清音と濁音との違いに敏感で、その書き分けが必要だったとしたら、それぞれ〈ひらがな〉〈カタカナ〉が作られていたに違いありません。

しかし、そういう仮名は作られませんでした。それは、おそらく、そもそも濁音というものを嫌う当時の日本人の意識が大きく働いたためではないかと考えられます。こうして、記号としての「゛」と「゜」を、後から生み出すことになったのです。

音声のシンボル化としての仮名

さて、なぜ濁音専用の仮名が作られなかったのかという問題については、すでに『てんてん』（二〇一二年、角川選書）に詳しく書きましたので参照して頂ければと思います。

ただ、『てんてん』を書いて以降、とくに筆者が思うのは、仮名の持つシンボル化に対する「力」ということです。

別の言葉で言えば、本質と現象との距離の取り方の巧さ、可逆性を想定した表記だということです。

こんなふうに褒め称えると、自国の文化を過大評価する視点だなどという批判を受けるかもしれませんが、筆者は可能な限り、相対的に物事を見たいと思っています。

そういう意味で、万葉仮名を使っていた時代の人たちが仮名を創り出すまでの経緯を、言語学的「学習」として観察すると、じつに興味深い事実がたくさん浮かび上がってくるのです。

たとえば、〈ひらがな〉が発明されるのと同時期にあって、太宰府に左遷された菅原道真《すがわらのみちざね》

（八四五〜九〇三）は、『新撰万葉集』を編纂したといわれていますが、それを信じるとしても現在、本を見る限り、じつに下手な万葉仮名の使い方をしているのです。

道真は、もともと三代続く漢学者としての教養を持っていた人なので、日本語の音より中国語に対する興味の方が強かったのは確かです。それに、なんと言っても、遣唐大使に任命されるほどですから、中国語が堪能でした。道真は、仮名の文化が熟してきていることに対して、むしろ反発を感じていたと考えられます。

道真の遺した作品には繊細さはありますが、やわらかさ、柔軟さがないというのがぼくの印象です。

仮名という表記の方法は、〈ひらがな〉にしても〈カタカナ〉にしても、「仮名」であるという点で、揺れることによって織りなされる音の陰翳《いんえい》を表す存在でしかありませんでした。それは、少なくとも明治時代に制度化された「仮名」が生まれるまでずっと続きます。

おそらく、道真はそういう音の陰翳より、形として音を捕らえて書く「真名」（漢字）の方に軸を置いていたのです。

リアリズムからプラグマティズム

主に九世紀を生きた日本人・菅原道真の話から唐突ではありますが、十九世紀のフランスに話題を移します。リアリズムが世界に大きな影響を与えた時代です。

道真の後の時代の仮名は、まさにリアリズムへの挑戦だったとも言えます。もちろん、日本のマンガも、フランスのリアリズムから大きな影響を受けています。

濁点や半濁音を付けて言葉に印象を深く与えたりする「あ」や「ぎ」などをはじめとしたマンガの吹き出し表現とも深く関係しているのです。

さて、「リアリズム」という言葉は、フランスの文学や絵画から発生した言葉です。「写実主義」と訳されたりもしますが、これには二つの意味があります。

リアリズムの二つの意味とは、「写真」的であり同時に「印象」的であるということです。写真とは、「一瞬」を切り取り、ギュッとその印象を動かないままに凝縮する技術です。

フランスで、写真が「芸術」として昇華するのは、ナダール（一八二〇〜一九一〇）においてです。彼は、十九世紀から二十世紀にかけての芸術家たち、たとえば、詩人シャルル・ボードレール、音楽家フランツ・リスト、作家ジョルジュ・サンド、バルザック、大デュマ、画家モネ、マネ、ルノワールなどとも深い親交がありました。その多種多様な面からの知識、教養によって、平面的な写真に凝縮したパースペクティブ（遠近法）を与えることに成功したのではないかと思います。

しかし、同時に、印象的であるという点において、音楽の面ではリストが、また絵画の面ではモネやマネ、ルノワールが、また別の意味でのリアリズムへのパースペクティブの獲得に成功しています。作家のバルザックなど、言うまでもありません。

ところで、フランス語は一八二〇年頃から一九二〇年頃までの一〇〇年間に、大きく変化を遂げます。フランス語の変化については、ここで話しきれませんが、大まかに言うと、誰もが共有できる文法体系が完成したのです。

日本語に置き換えて言えば、明治時代に「だ」調、「です、ます」調などが出てくるのと同様です。知識人だけではなく、国民全部に「教育」を広めようとします。当時日本で、国民を啓蒙し、教育水準を上げるために使われたのが、「富国強兵」というスローガンです。

ただ、国民のほとんどは、まだ江戸時代の名残を留めた意識の中で、夢から覚めたばっかりという状態です。

そのような混沌とした局面に現れるのが、プラグマティズムという思想です。

日本では「実践哲学」などと訳されることがありますが、別の言い方で言えば、「価値観の共有」を目的とするものです。

帝国主義でも民本主義でも資本主義でも共産主義でもなんでもいいのですが、あらゆる主義主張は「理想」に基づいて「実践」されるものです。

しかし、「理想」と「現実」は、常に乖離し、「矛盾」に満ちています。

この「矛盾」を解消しようとするのが「プラグマティズム」です。「プラグマティズム」とは、ギリシャ語の「プラグマチコス（暮らす、行う）」という言葉に由来するものですが、「公的、外的行為」と「内面的、個人的行為」の間にある「暮らし」の中にある矛盾を埋めるための実践的思考、行為です。

王政、帝政、封建制あるいはキリスト教や仏教など不可知の価値観に支えられていた時代から「近代国家」が生まれると、「理想的国家」を構築するための「プラグマティズム」が必要になってくるのです。

「近代教育」に不可欠なものは、「理想」に対する価値観の共有です。

わが国において言えば、戦前は、大日本帝国憲法という天皇を元首とする「理想国家」、戦後は民主主義という天皇を象徴とする「理想国家」です。

この理想国家を実現するために、いつも「国家」は、民衆あるいは国民を「教育」する必要があるのです。

そのために必要なものが「言語」です。

国定教科書、国の検定教科書が作られたのは、そのためです。

戦前はもちろん、戦後も昭和三十八（一九六三）年から教科書は「無償給与」することになっていますが、「次代を担う児童・生徒の国民的自覚を深め、我が国の繁栄と福祉に貢献してほしいという国民全体の願いをこめて行われているもの」（文部科学省）と謳われているように、「国民」の意識を一致団結させ、「理想の国家」を形成するために提供されているものなのです。

写真的な漢文、印象派的な和歌

さて、リアリズムから啓蒙、プラグマティズムという社会の変化の過程の中で、行われた現代日本語の教育は、日本語の「音」を「表記」と一致させていくことから始まっていきます。

平安時代、菅原道真の晩年は、日本語にとって、まさに近代日本が生まれた明治時代に匹敵するほどの大きな変革の時代でした。

〈ひらがな〉の登場が『古今和歌集』編纂と同時期の九〇〇年頃、明治時代の国定教科書編纂が一九〇〇年頃ですので、その間に、ちょうど一〇〇〇年という時間の幅があることも興味深く考えられるのではないでしょうか。

菅原道真は、漢学の知識によって高級官僚になった人です。

漢文、中国語には、過去や過去完了、現在完了、未来や未来完了などという文法がありません。漢文、中国語は、つねに現在形で語る文法しか持っていません。

これは、あまり指摘されることがないのですが、中国人というのは基本的に「現在形」で物事を見ているのではないかとぼくは思うのです。

中国人のフランス語の先生に、フランス語の「単純過去」「半過去」「複合過去」の違いをうまく説明できる人がなかなかいないというのも、彼らの母語にこうした「時間」に対する意識がないこととも関係があるのではないでしょうか。

ところで、漢学、中国語によって思考法を磨いた道真は、官僚的かつ男性的な人だったのではないかと思うのです。女性的な和歌もたくさん作っていますが、現在形でものを考える人だったと思います。どちらかと言えば、写真を撮るように、一瞬のうちにすべての情景を凝縮して見ようとする人です。

これに対して、在原業平《ありわらのなりひら》、紀貫之《きのつらゆき》など、和歌文学を支える人たちは、女性的なものの見方をする人たちです。

和歌は、印象派の絵のように、完了させつつ、並行して持続する時間を共有できる性質があります。

幸い、古語には、さまざまな「過去」があります。

• 過去の一点を表す「き」

- 過去から現在にいたる時間の経過を示す「けり」
- 今、まさに既定となりつつある時間を表す「ぬ」
- ついさっき〜してしまったという時間を表す「つ」
- 過去の推量で、「〜だったろう」などということを表す「けむ」
- 「〜している」という継続を表す「たり」「り」

勅撰である『古今和歌集』から一気に女性を中心にした和歌文学が起こる時、そこに必要だったのは男性の「現在」への対峙を主眼とする視点ではなく、むしろ継続する時間をさまざまなパースペクティブから共有するという女性的な質感が必要になってきたのではないかと思うのです。

別の言い方で言えば、それは漢文、漢詩では日本人が表現できなかった日本的質感をもった「奥行き」や「周縁」「深さ」を表すための変革だったのかもしれません。

そうであったとすれば、九〇〇年頃に現れた〈ひらがな〉という表記の体系は、非常に日本文化を象徴するシンボライズされた形で形成されたのだろうと考えられます。

江戸弁と標準語

さて、江戸っ子は「ヒ」と「シ」の区別ができないってこと、聴いたことがありませんか？

周りに「おらぁ、生まれも育ちも深川でよ、神田より北は行ったことがねえんだよ」という人はいませんか？

もし、そんな「江戸っ子」に会いたかったら、ぜひ、木場や門前仲町辺りのお寿司屋さんなんかに行ってみてください。

そして、比較的、高齢の方に「潮干狩りとか行ったことは？」と訊いてみてください。

「てめぇ、バカにしてんのかよ、〈ひよしがり〉はガキの頃には行ったことあるが、この年になってからは、行かねぇんだよ」と言われるかもしれません。

江戸っ子は〈しおひがり〉と発音できなくて〈ひよしがり〉とか〈ひおしがり〉と言うのです。

「白くて広い」なども言えず「しろくてしろい」、「アサヒビール」も「アサシビール」、「ひろし君」は「しろし君」になってしまいます。

でも、子どもの時代に、「シ」と「ヒ」を混同していると笑われたり、矯正されたりした人は、江戸っ子でもきちんと二つの音を区別して発音ができます。

発音の変化はとてもおもしろいですね。

おもしろいというだけでなく、当時の人たちがどのように言葉を発していたかを知って本を読むことは、当時の人たちの思考の方法などを知るためにもとても重要なことではないかと思うのです。

もう少し、話を脇道に逸らしたいと思います。

落語の話です。

ぼくの知り合いに、藤浦敦《ふじうらあつし》（一九三〇〜）という方がいらっしゃいます。もう九十歳を越える方ですが、この方のお祖父様は、東京、築地周辺の大地主で、江戸時代末から明治時代の落語の名人・三遊亭圓朝《さんゆうていえんちょう》のスポンサーだったそうです。それで、圓朝が亡くなる時に「三遊亭宗家《そうけ》」を譲られたのだそうです。

「宗家」とは芸道の流派の元締めです。

そんなこともあって、藤浦さんは、子どもの頃から歌舞伎座に住んで暮らし、落語、講談、音曲の人たちとの交流も深く、一八二〇年頃、つまり江戸時代・文政年間の言葉を、現在ただひとり話すことができる人なのです。

ぼくも落語は、大好きです。

「六代目三遊亭圓生《えんしょう》の落語はいいですねー、きれいな江戸弁ですね」と、藤浦さんに言ったことがあります。

すると、藤浦さんは、こんなふうに仰いました。

「圓生の落語は、作り過ぎている」

落語の内容のことではありません。「江戸弁」のことです。

じっさい、藤浦さんがお話しになる江戸弁は、圓生の言葉とは「まるっきし」違います。

藤浦さんが話す本来の江戸弁は、どちらかと言えば、口の先でもぞもぞっと言うような感じです。

藤浦さんほど古い江戸弁ではありませんが、他にも、明治時代に東京で生まれた江戸っ子を、ぼくは何人も知っていました。

しかし、何を言っているのかさっぱりわからないほど、「ひ」と「し」の区別はないし、語頭の部分は呑みこんだように話をするし、慣れないと、さっぱりわからないのです。

でも同じ江戸っ子同士でも、年代や生まれ育った場所によってわからない言葉があるというのです。

国文学者で、銀座の天麩羅屋「天金」の次男として生まれた池田《いけだ》弥三郎《やさぶろう》（一九一四～一九八二）は、浅草生まれの作家です。この池田さんは、俳句の名人であった久保田《くぼた》万太郎《まんたろう》（一八八九～一九六三）が使う言葉で、「いいまのふり」「きましな」「こずむ」「たそく」「とっぱくさ」「まじくなって」などは、まったくどういう意味なのかわからないと、昭和三十一（一九五六）年頃のエッセイに書いています。

カツオとカツヲ

さて、ここからは、「あ」などにも関わる「仮名」の謎に迫って、仮名の表記とは何かということについて話を進めたいと思います。

まず、「お」と「を」を例に考えてみましょう。

突然ですが、ナゾナゾです。

戦国武将が好んで食べた魚をご存じですか？

答えは、「カツオ」です！

もちろん、こんな謎解きは、後世になってから作られたものでしょう。「カツオ」を「勝つ魚」と掛け言葉にするのは、今も「カツ丼」と「勝つぞー（勝丼）」を掛けて試合前の食事にしたりするのと同じです。

漢字で「鰹」と書く「カツオ」の語源は、「勝つ魚」ではありません。

漢字の「鰹」の「堅」は「カチンコチンで、外から相当の力が加えられても変形しないこと」を表します。「カツオ」とは「堅い魚」つまり「カツオ」を煮熟《しゃじゅく》して乾燥させて作る、日本に古来からある保存食品「カツオブシ」になる魚という意味なのです。「カツオ」の「カツ」が「勝利」を意味する「勝つ」でないことはおわかりでしょう。

それでは「カツオ」の「お」は何でしょう。

「カツオ」は今では、こう書きますが、旧仮名遣いでは「かつを（カツヲ）」と書きます。長谷川町子（一九二〇～一九九二）のマンガ『サザエさん』の登場人物「磯野カツオ」は、昭和二十一（一九四六）年四月二十二日の連載開始時は「カツヲ」で、その後「カツオ」となっています。

もしかすれば、これは旧仮名遣い廃止に伴う措置だったのではないかと思います。この頃、長谷川町子が連載していたのは、『新夕刊』（東京スポーツ）あるいは『夕刊朝日新聞』でした。

では、「カツヲ」の「ヲ」は、何でしょう。

これは「魚」の訓読みである「ウヲ」の「ヲ」です。

たとえば「魚河岸」「太刀魚」「魚市」「魚店」「魚釣」など、「ウオ」とつく言葉を実際に発音してみてください。

本当に「ウオ」と発音していますか？　自分の唇の動きと音に注意して発音してくださいね。

「ウヲ」と発音していませんか？

「ウオ」と発音するためには、「ウ」で一度音を止めないと、次の「オ」が出てきません。

「ウオ」と書いても、本当は「ウヲ」と発音しているのです。

「カツオ」も同じです。「カツ」で一度音を止めないと、「オ」の発音は出ません。

「カツ・オ」でないとすれば「カツヲ」と発音しています。

このように、旧仮名遣いだと発音と合致しているのに、新仮名遣いにしたために発音と表記が一致しなくなってしまったものもあるのです。

先に挙げた「てふ」を「チョウ」と読むのは、新仮名遣いにしたことによって、本来の発音に近づいたもののひとつですが、それでも「チョウ」の「ウ」は、発音を可能な限り再現するように表記するということからすれば「チョー」とした方がいいのかもしれません。ちなみに、「チョー」の「ー」は、長音記号と呼びます。明治時代に公に使われるようになった記号です。

魚の読み方は二つあった

１章では、現代の国語教育で教わる目的格の「を」を、平安末期の藤原定家や江戸時代末期の坂本龍馬が「お」と間違って書いていると記しました。

じつはこれ、彼らが発音している通りに書こうとした結果なのです。

二人が遺した文書の中に、「鰹」を仮名で記したものは見つかりませんが、もしあったとしたら、発音通りに彼らは「カツヲ」と書いているのではないかと思います。

「魚（ウヲ）」が「ウオ」と書かれるようになったのには、「旧仮名遣い」を廃止したことと並行して、もうひとつ理由がありました。

それは、「魚」に、「ウヲ」と「イヲ」の言い方が平安時代からあったためです。

「ウオ」と実際に発音するのは困難であると記しましたが、「イヲ」の発音も簡単ではありません。むしろ、こちらは「イオ」と発音した方が簡単です。

「ウヲ」と「イヲ」の使い分けは、江戸時代までは「ウヲ」は和歌での使用、「イヲ」は散文での使用と区別されていたようですが、明治時代になると、その使い分けは一気に崩れてしまいます。

これは方言では、明らかに「ウヲ」と発音するところより「イオ」と発音されるところが圧倒的に多いことが原因です。ですから、明治以降、地方から東京に来て「山の手」に住む多くの人たちは、「魚」を、「ウヲ」ではなく「イオ」と言っていたのです。

はたして「イオ」の発音から、旧仮名遣い廃止後は、「ウヲ」はまったく違和感なく「ウオ」と書かれるようになったのだと考えられます。

ちなみに、今、我々が「標準語」と呼んでいるものは、「江戸弁」ではありません。皇居から東~南に当たる、台東区、墨田区、江東区、中央区、港区、品川区は下町と呼ばれるエリアで、ここら辺りで話されていたのが「江戸弁」です。

これに対して、現代の「標準語」は、「山の手」で使われていた言葉がルーツになっています。「山の手」は、千代田区、文京区、渋谷区、目黒区、新宿区などの辺りで明治維新以降、さまざまな地方から移り住み、官僚・役人になった人たちが邸宅を建てたエリアです。

「を」のルーツ

「を」は、漢字「遠」の草書体から生まれた〈ひらがな〉です。「ヲ」は「乎」を略して作られました。

現代日本語では、目的を表す格助詞にしか「を」は使われません。

でも、「を」は絶対に必要な助詞ではありません。

たとえば、「ごはん　を　食べる」と言おうと「ごはん、食べる」と言おうと意味は通じます。

古典でも、また謡曲、浄瑠璃などの詞章《ししょう》でも、「を」は、一拍置くだけで、あってもなくてもかまいません。

さて、「遠」と「乎」の共通点はわかりますか？

まさか！　と思われるでしょうが、「大きな声」です。

「遠い」所にいる人を「呼ぶ」には、「大きな声」が必要です。「おーい」と呼びます。「あーい」「うーい」「えーい」とは言いません。これは日本語だけではなく、英語でも同じです。

「乎」は、「呼（ぶ）」の旁《つくり》の部分を書いたもので、古代中国語（漢文）では、文末を強調するための助辞として使われます。「呼」とは、喉の奥から叫ぶほどの大きな声を出すことを意味します。

日本語の助詞「を（ヲ）」は、じつは、叫びを表す、この「感動詞」から生まれてきました。

日本語の文法にとても詳しかった日本文学者、松尾聰《まつおさとし》（一九〇七〜一九九七）の『古文解釈のための国文法入門』（ちくま学芸文庫）には次のように記されています。

　それ（筆者注「を」）を或る語に添えれば、その語が特に強く示されるので、或ることばを話すとき、目的とする語を強く示したい自然の要求から、目的語の下にしきりに添って用いられるようになり、そうした「を」はいつのまにか（おそらく中古に入る早々）目的をあらわす格助詞のような感じで固定してしまったのではないかと考えられる。

子どもに「ごはん、食べなさい」と言うのと、「ごはんを食べなさい」と言うのでは、意味の強さが異なります。

「ごはんを」と言うと、何回も注意しているのに、テレビを観たり、人と話をしていたりする子どもに対して、「ごはん」に集中するようにと注意を喚起していることが強調されます。

「勉強、がんばってね」と「勉強を、がんばってね」も全く意味が変わってきます。後者だと、勉強以外はがんばらなくてもいいという意味にとられる可能性もあります。

対照的な「お」と「を」

もう少し「お」と「を」の違いについて掘り下げてみたいと思います。

松尾の言葉をわかりやすく言い換えれば「を」は、「ウォー」と叫ぶ音が助詞となったものです。

これに対して「お」は、「偉大な」「素晴らしい」「とっても素敵な」「有難い」などの意味のある「大」あるいは「御」が、日本語を共有する文化圏の識閾下《しきいきか》にあるのではないかと思うのです。

「識閾下」なんて難しい言葉を使うことをお許しください。これは心理学用語として大正時代頃から使われる言葉で、無意識から意識へ、あるいはまた逆に移る「境目」のことを意味します。

「を」は、「ウォー！　がんばるぞー！」と雄叫びを上げるように、自分の内部から外側に向かって発せられる音です。

「お」の方は、驚きです。外側からやってくる者に対して、自分の内部がそれを「美しいなぁ」「素敵だなぁ」と思って発せられる音です。

「を」と「お」は、日本語の中で、識閾下で、内外で反転する音の関係を持っているものではないかと思うのです。

たとえば、松尾芭蕉《まつおばしょう》（一六四四〜一六九四）『奥の細道』でよく知られる句があります。

五月雨をあつめて早し最上川

この「五月雨を」の「を」は何でしょう。

パラパラと落ちてくる雨粒一滴ずつ、その一滴ずつが最上川に向かって集まって来る巨大な力と、その大きな川の流れに揺れ動く自然やその一部である自分の内側からの叫びを、

「を」の助詞、たったひとつが、ものすごくバランス良く保っているのです。

まるで、纏綿《てんめん》（複雑にさまざまなことが絡み合うこと）する時間を、「を」の音が、カメラのシャッターを押して瞬間を切りとったあと、ドッと流れる最上川の流れの激しさへと向かわせているようではありませんか。

「は」の秘密

さて、目的格の「を」はあってもなくてもいいと書きました。それでも「を」があると、「五月雨を」と言うように、ものすごく強い言葉になります。

それでは、「ぼくは」「わたしは」の「は」は、どうでしょう。「を」と「お」に続いて、「は」の謎を解き明かしていきましょう。

「は」も「を」と同じで、古文、とくに漢文では、この助詞の「は」は、ありません。

「子曰く、学びて時に之を習う」（『論語』学而篇）と言いますが、「子は曰く、学びて」とは言いません。

「子は曰く」と言うと、「他でもない、子（孔子）が言った」と、言った人を強調することになります。

聖書や賛美歌では「主は仰った」、「主は来ませり」など、主格の「は」が付いています。

これは、日本語に翻訳されたのが、「は」がふつうの文章にも付けられるようになった明治時代だったからという理由もあるでしょうが、「主」つまり「神」や「キリストこそが」という強調を表しているからなのです。

「は」は、文法用語では「係り助詞」と呼ばれます。

文法の用語は、わかりにくくて苦手だという人も多いかもしれませんが、じつは「文法」は、とってもおもしろくて、文章の理解を深めてくれるものなのです。

さて、「係り助詞」の「係り」は「係り結び」の「係り」に由来します。「係り結び」の「結び」は、「述語」を意味します。

ついでに記しておけば、「格助詞」の「を」は、「述語」にはまったく影響を与えません。ほんとうにあってもなくてもよくて、ただ、「を」の前のことばを強調しているだけなのです。

これに対して「係り助詞」の「は」は、「述語」に影響を与えて、文章の全体を強調します。

たとえば「ぼく願う」と「ぼくは（こそ）願う」という文章を古文で言ってみましょう。

ぼく願ふ

ぼくは（こそ）願へ

「は」がない方は「願ふ（う）」と終止形で終わりますが、「は」があると「願へ（え）」と已然形になります。

そして、意味も、単に「ぼく」を強調するだけでなく「ぼく」も「願う」も同時に強調し、さらに願いに込められた「凝縮した時間」を文章の中に醸し出すことができます。

ということからすれば「主は仰った」「主は来ませり」も、「主」だけではなく「仰った」「来た」ということへの深く強い力が込められているとも言えるのです。

「母」は「パパ」と発音されていた

それにしても、どうして「は」と書くのに「わ」と発音するのでしょうか。

すでに触れましたが、「はひふへほ」は奈良時代は「パピプペポ」と発音していました。

そして、江戸時代になる頃まで「ファフィフゥフェフォ」と上下の唇を合わせて発音するような、とっても弱い音でした。

1章で「ちち（父）」に触れましたので、ここで「はは（母）」の呼び方の変遷を記しておきましょう。

「はは」は、飛鳥時代から奈良時代、なんと「パパ」と呼ばれていたのです。

そして、同時代に生きて、後の藤原家の家祖となった「藤原不比等《ふじわらのふひと》（六五九〜七二〇）」は、「プディパラのプピティォ」と発音されていたのです。

「母」の発音「パパ」は、平安時代後期には両唇音の「ファファ」になって室町時代まで続きます。

「はひふへほ」を、「ファフィフゥフェフォ」と発音していたことは、室町時代のナゾナゾによっても明らかです。

「父には一度も会わなかったが、母には二度会った。答えは何？」と、後奈良天皇（一四九七〜一五五七）の『後奈良院御撰何曾《なぞ》』に記されています。

答えは、「唇」です。

現代日本語の「はは」は、喉の奥で発音しますから、上下の唇が「会う」ことはありません。

しかし、当時の発音は「ファファ」で、二度、唇が「会う」ことになります。言うまでもありませんが、「ちち（父）」は、上下の歯を綴じ、唇を開けて発音しますから、「唇」は、一度も「会う」ことはありません。

両唇音の「ファファ」が喉音の「ハハ」に変わったのは、江戸時代になってからです。

それと同時に、「カカァ」という言い方も出てきます。
「ハハ」と「カカァ」、どちらも喉の奥の同じ所で調音されています。

昔の日本人は鹿の鳴き声をどう聞き取ったか

さて、係り助詞の「は」は、『万葉集』でも使われています。どうして「は」と書くのに「わ」と発音するのかという秘密を探るにあたり、『万葉集』にヒントを求めてみましょう。

夕されば小倉の山に鳴く鹿は　今夜《こよひ》は　鳴かず寝《い》ねにけらしも　（一五一一番）

この歌は「夕方になると小倉（現・奈良県桜井市）の山で鳴くはずの鹿だが、今夜だけは、鳴かないで寝てしまったのかなぁ」という意味なのですが、問題は、二か所「は」が使われていることです。

舒明《じょめい》天皇（五九三～六四一）の御製《ぎょせい》とされますので、もしそれを信じるとすれば、この二つの「は」は「パ」と読まれていたと考えられます。

……ナクシカパ　コヨピパ　ナカズ……

ところで、鹿の鳴き声をご存じでしょうか？

というより、昔の日本人は、鹿の鳴き声をどんなふうに聞いたのでしょうか。

『古今和歌集』（雑・一〇三四番）には、

秋の野に妻なき鹿の年を経て　なぞわが恋のカヒヨとぞ鳴く　紀淑人

という歌が掲載されています。

これは、「秋の野山に、まだ連れあいのない鹿が、何年か経て、どうして私の恋は実らないのか、その思いに、甲斐（利き目）があって欲しいと鳴いている」というものです。

これによれば、鹿の鳴き声は「カヒヨ」と聞こえていたようです。

他にも、『播磨風土記』に、応神天皇《おうじん》が狩りに出掛けた時、鹿が悲しく「比々《ピピ》」と鳴いたとも記されています。

また、芭蕉の杉山杉風《さんぷう》宛書簡には「ぴいと啼尻声《なくしりごえ》悲し夜の鹿」とあります。

尻声とは、「後を引くような声」を言います。「ビイィー」という感じで鳴いたのでしょうが、「尻声」とあるように、もともとは「おなら」のような音をいいます。

いずれにせよ、鹿は「カピヨー」「ピピ」「ピー」「ビー」などと鳴いたのです。

「は」は驚きや、気づきを表す

もう一度、『万葉集』の「夕されば」の歌に戻って「は」を中心に、解釈を試みたいと思います。

この歌には二か所に「は」が使ってあると書きました。ただ、もう一度、読んでみてください。当時の読み方で、「……バ、……パ、……パ」と、続いています。まるで、ラッパみたいです。しかもそれぞれの「バ」「パ」「パ」の前にある仮名は、モゴモゴと曇る「ユウ」「オグラ」「ナク」などの音と重なっています。そういう意味でも、「夕されば小倉の山に鳴く鹿は」での「は」は、「鹿」を色鮮やかに描き出す、スポットライトの役目を果たしています。

ですが、「鹿は」の「は」が掛かる言葉は「鳴かず」です。「寝ね」にも掛かるように思う方もいるかもしれませんが、「寝たのではないか」の推量は詠み人のものであって、「鹿が鳴かない」のは事実です。

このことから、「鹿は、鳴かず」で、現代日本語で書けば、この「は」は「が」になります。

「夕焼けの時間が去れば鳴く鹿が鳴かない」

これは、「驚き」や「気づき」を表しているのではないでしょうか。

「え！　今日は、いつも鳴くはずの鹿の鳴き声が聞こえない！　なぜ？」

「うわー！」という驚きです。

次は、「今夜は」の部分です。

「今夜は」の「は」も、「昨晩までと違って」ということを強調しています。

しかし、この言葉は「鳴かず」と「寝ね」の両方に掛かっています。

「寝ね」は、その後に何もなければ「寝ぬ」のはずですが、「けらし」という過去の推量

「寝たのだろうなぁ」という助動詞に続く動詞なので連用形になっています。

「今夜は」――「鳴かない」

「今夜は」――「寝たにちがいない」

これも、また驚きなのではないでしょうか。

「なぜ、鳴かない？　どうして鳴かない？　今夜は鳴かずに寝ることができたのか、それはなぜ？」

「うわーもしかして……」という驚きです。

「は」の本質

「ハ行転呼」という日本語の歴史で起こった特筆すべき音韻変化があります。

平安時代中期、ちょうど〈ひらがな〉〈カタカナ〉ができた九〇〇年頃です。

- 「恋」が「コフィ」から「コウィ」に
- 「上」が「ウフェ」から「ウウェ」に
- 「川」が「カファ」から「カウァ」に

など、「ファ、フィ、フゥ、フェ、フォ」が「ウァ、ウィ（ヰ）、ウゥ、ウェ（ヱ）、ウォ（ヲ）」に変化するのです。

係り助詞の「は」も、同じように発音が変化します。

この句で言えば、「鹿パ」は「鹿ファ」→「鹿ウァ」、「今夜パ」は「今夜ファ」→「今夜ウァ」と変わったのでした。

「ウァー」という驚きを表す音と同じです。英語やフランス語、中国語でも、驚きを表す時は「Wo」という音を発します。

日本語の係り助詞「は」は、「驚き」や「気づき」を表します。でも重要なのは、その「驚き」や「気づき」が、述語にも及ぶということなのです。

このことは「こんにちは」「こんばんは」などの挨拶についてもいえます。

もともと「こんにちは」という挨拶は、これで終わるものではなく「御機嫌、麗しく存じます」など、相手の顔色や気配の良さなどを気遣う言葉を添えたものでした。

そうであれば、「昨日でもなく、明日でもなく、ほかでもない今日、こんにち、ウァー」という強調だけでなく、「御機嫌はどうだろう、どうかしら」「ウァー、元気そうでよかった」「なぜか、顔色が優れなさそう」など、相手に対する「驚き」「気づき」を感じるものなのです。

「今夜は、啼かない」「今夜は、寝たのかなぁ」――なぜ？　どうして？

係り助詞の「は」を、「驚き」「気づき」を意味する「ウァー」と意識することができれば、「は」で書かれていることも理解できるのではないでしょうか。

「をば」の使い方

ここまで、「を」と「は」という助詞の謎を解き明かして来ましたが、この二語を合わせた濁点の「をば」という助詞について、考えてみましょう。

森鷗外『舞姫』の冒頭は、「石炭をば早や積み果てつ」で始まっています。

現代日本語では「をば」を使うことはほとんどありませんが、「をば」は『万葉集』の時代から明治時代まで「動作の対象を強調する」ために使われました。

格助詞の「を」に係助詞の「は」が付いて「をは」となり、「は」が濁音化したことで「をば」という助詞は生まれました。

「を」だけでも、「勉強をしなさい！」「ごはんを食べなさい！」と強い意味になります。「勉強はしなさい」「ごはんは食べなさい」と言われたとしたら「勉強とは、しなければならないもの」、「ごはんとは、食べるもの（粗末に遊んだりするものではない）」という意味にもなります。

それでは、「をは」が「をば」となったのはなぜでしょうか。

『万葉集』には、すでに「秋山の木の葉を見ては　黄葉《もみち》乎婆《をば》　取りてぞしのふ青き乎者《をば》　置きてそ嘆く」（巻一・十六額田王）など「をば」が濁音化した形で使われています。

これは、「いかばかり」「かくばかり」という「程度」が限定的であることを表す副詞の「ばかり」の「ば」、そして「すれば」「あれば」などの限定的な「仮定」を表す「ば」と共通しているものだろうと考えられます。

「ば」は、聞く側を、ギョッと驚かせるような音感を持っていますが、書き手（話し手）からすれば「黄葉をば」「青きをば」と、他のものから切り離して、そこに焦点を向けなさいという非常に注意を喚起するような言い方です。

鷗外の「石炭をば早や積み果てつ」も同じではないでしょうか。

『舞姫』の冒頭は、これに、次のように続きます。

中等室の卓《つくえ》のほとりはいと静かにて、熾熱灯の光の晴れがましきも徒《あだ》なり。今宵は夜ごとにここに集ひ来る骨牌仲間も「ホテル」に宿りて、舟に残れるは余一人のみなれば。

「石炭を早く積み終わった」「石炭はもうすでに積み終わった」と現代語訳するのは簡単ですが、「石炭をば早や積み果てつ」は、「石炭を積むために鳴り響く轟音が、やっと収まった」という意味もあり、「ひっそりとした静寂」を強調するために使われた言葉です。

そして、「をば」は、「石炭」という「黒くて、汚くて、積むのにうるさくて、重くて」などという暗い象徴的なものへと読者の目を惹き付けるものに違いありません。

現代日本語が「をば」という助詞を使わなくなったのは、「ば」という音そのものにちょっと下品で、汚い感じが漂うからではないのでしょうか。

「ばばぁ」とか「ばっちい」「ばらばら」「ばか」とか、もちろん例外はありますが、「ば」が語頭につく言葉はイヤな感じのする言葉が少なくありません。

しかし、それにしても「をば」は、存在感の強い言葉なので、復活させてもう少し日常会話にも使うとか、「を」＋濁点つきの助詞の組み合わせ表現で、「わたしは、ごはんをが、たべたい」「コンサートをに、行きたーい」、「新しいパソコンをを欲しい！」などという強調表現が生まれて来るといいのになぁと思うのです。

「へ」と「え」

さて、現代日本語の発音と表記の異なる助詞には、もうひとつあります。

「エ」と発音する「へ」です。

この「へ」も、古くは「ぺ」が「フェ」、ハ行転呼して「ウェ」となって「エ」と変化したものです。

「へ」は、まさに「矢印」そのものです。

方角を表すのに「東へ」「西へ」「学校へ」「家へ」と言います。こうした行く先を表す矢印です。ただ、その行く先は、「に」はどには明確ではありません。

「東に」「西に」「学校に」「家に」であれば、その方角なり場所なりを、明確に意識しています。

しかし「へ」の方は、「東の方」「西の方」「家のある方角」「学校の辺り」と、目的地をややぼやけさせてしまいます。

というのは、「へ」が、もともと「辺《へん》」に由来する助詞だからです。

「へ」は「沖」「奥」と対になる言葉として使われます。

たとえば「沖つ波」と「辺《へ》つ波」（『万葉集』三三一八番）、「沖つ波」と「辺つ藻」（『万葉集』一二〇六番）、「奥つ櫂《かい》」と「辺つ櫂」（『万葉集』一五三番）などです。

「沖」「奥」は同じ語根で、遠く容易に人が立ち入ることを許さない場所を表し、そこには海の神が住んでいると考えられていました。

これに対して、「辺」は茫然と広がる果てを言います。「海辺」「浜辺」「水辺」など視界が広がっている場所で、かつ陸地と海や川などの境目が漠然としている末端のところを表します。「畳の縁」「周縁」などの「縁」、日本語では「へり」「へ」と発音される言葉の語源です。

さて、「へ」は、平安時代前期までは、遠くて、漠然としている場所を指す言葉としてのみ使われていますが、平安時代中期（九〇〇年頃）以降、「此方へ来たれ」（『今昔物語』）など、到達点を示すような用法で使われ始め、さらに時代を下ると「池のほとりへ」「庭へ」（『天草本平家物語』）など、次第に場所や方角を的確に示す助詞として使われるようになっていきます。

ちょうど、この「遠くて漠然とした場所」を表す「へ」から「到達点」を表す「へ」の転換点が、ハ行転呼が起こった時代と重なるのです。

これは、「は」の場合と同じです。

ところで、天正五（一五七七）年頃、来日したイエズス会士・ロドリゲスは『日本語小文典』という日本語の文法書の中で、日本語には方言によって「へ」「に」「さ」という方向を示す助詞に違いがあったと記しています。

京へ、筑紫に、関東（又は坂東）さ。諺。その意味は、（京）都では助詞「へ」を、下（九州）では「に」を、関東では「さ」を使うというのである。直ぐ次に示すように、諸地方に色々な助辞があるけれども、常に都におけると同じく「へ」を用いるのがよい。それが正しくかつ上品だからである。

（岩波文庫『日本語小文典』）

「へ」と「に」の違いについては、「へ」は「え」と発音はしても、また使われ方が平安時代中期以降に変化したとはいえ、日本の文化においては非常に重要な語ではないかと、私は思っています。

日本家屋には、古く「お縁」「縁側」と呼ばれる場所がありました。「お縁」は家からはみ出した板敷きで、座敷に付随する廊下の役目も果たします。ただ、「お縁」は外と内との間にある神聖な境界線でした。

内と外の区別を、古代の日本人は無意識にしていたのではないかと思うのですが、そのことが日本語で言えば、〈ひらがな〉と〈カタカナ〉を生み出すことになったのではないかと考えられるのです。

「じめん」か「ぢめん」か

「を」と「お」、「へ」と「え」の「助詞」以外にも、発音と書き文字が一致しないものが存在します。「じ」と「ぢ」、「ず」と「づ」の二対で、これらは「四つ仮名」と呼ばれています。

読者の多くの人が、パソコンや携帯で日本語入力をしていらっしゃると思います。私もこの文章をパソコンの日本語入力システム「ATOK」を使って書いていますが、時々、あれ！　と思うことがありませんか？

たとえば「しぜんのだいち」と入力（ローマ字入力でも仮名入力でもどちらでもかまいませんが）して漢字変換すると「自然の大地」などと出てきます。注意して欲しいのは「ち」の部分です。

それでは、「地」は「ち」だから、本来なら「地面」は「ぢめん」のはずですが、私のパソコンは「ぢめん」と入力すると「〈じめん〉の誤り」と出てくるのです。

もうひとつ例を挙げましょう。

九州、熊本県出身の九十歳を過ぎた私の知り合いは、仮名で自分の名前を書かれる度に、不愉快になると言います。

この方の姓は「橋詰」さんですが、しばしば「はしずめ」と書かれるそうなのです。

「私の名前は、〈はしづめ〉であって〈はしずめ〉ではないと言うのだが」と愚痴をこぼすのです。

「すし詰め」は「すしづめ」です。

この場合は、「すしずめ」と入力すると「〈すしづめ〉の誤り」と出てきます。

「ち」の濁音は「ぢ」ではなく「じ」が正しい、それに対して「つ」の濁音は「ず」ではなく「づ」というのは、変な感じがします。

ところで、みなさんは、蕎麦やうどんを啜《すす》って食べる時、どんな音を立てますか？

「するする」？「つるつる」？

「ずるずる」？「づるづる」？

それぞれ、語感はまったく異なりませんか？

簡単に言えば、「するする」は、麺を「啜る」必要もなく、何を食べているのかを意識することもなく、口に入ってきて通過していく感じがします。

「つるつる」は、やっぱりうどんでしょうか。白く光って滑らかに口から喉へと流れていくようです。

　それでは、「ずるずる」は?

「ずるずる啜って食べる」というのは、ちょっと上品ではありません。お腹が減って、雑炊や煮込みうどんなどを掻き込んで食べるところを想像してしまいます。

「づるづる」にいたっては、どこまで啜っても、際限がないものを長く時間を掛けて続けて啜り食べているような気になります。

　これは、私だけの語感でしょうか?

「じ」「ぢ」、「ず」「づ」の混同はいつ、どこから?

古代日本語で「ザジズゼゾ」は「ジィア、ジィイ、ジユ、ジェ、ジョ」、「ダヂヅデド」は「ディア、ディイ、ディユ、ディエ、ディォ」と発音されていました。

　清音の「サシスセソ」が「シャ、シィ、シユ、シェ、ショ」、「タチツテト」が「ティァ、ティ、ティユ、ティエ、ティォ」と発音されていたのと並行しています。

　ただ、江戸時代の初め、現代日本語とほとんど変わらない「ザジズゼゾ」「ダヂヅデド」に発音が変化した時、「じ」と「ぢ」、「ず」と「づ」が、同じ音で衝突してしまうことになったのでした。

元禄八（一六九五）年に、京都で書かれた『蜆縮涼鼓集《けんしゅくりょうこしゅう》』には、この頃、すでに京都では、「じ」と「ぢ」、「ず」と「づ」の発音がそれぞれ混同されていると記されています。

じつは、この書名もそれに基づくものなのです。「しじみ（蜆）」と「ちぢみ（縮）」の「ジ」と「ヂ」の音、「すずみ（涼）」と「つづみ（鼓）」の「ず」と「づ」の音の混同です。

ところで、先に少し紹介したロドリゲスの『日本語小文典』、そしてほぼ同時期に作られたキリシタン文献は、日本語の歴史を研究する上で、欠かすことができません。

ちょうど、室町時代末期から江戸時代初期、同音の衝突が起きる直前に書かれたものです。ロドリゲスは、京都での「じ」と「ぢ」の混同が次のような言葉で起こっていると記しています。

「本寺（ほんじ）」を「ほんぢ（ホンディ）」
「自然（じねん）」を「ぢねん（ディネン）」
「水（みず）」を「みづ（ミデュ）」
「参らず」を「まいらづ（マイラデュ）」

ロドリゲスは、言います。「この京都の発音は、誤っている。九州などでは教育を受けたことがない小さな子どもでも、こんなふうに誤って発音することがない」と。

「発音は、時代とともに変化する」という原則から言えば、「間違っている」という判断はできません。ただ、彼ら宣教師からすれば、布教を行う時に、「間違った日本語を使っている」と指摘されないための用心として「間違い」か、否かの判定が必要だったのでした。

ですが、京都の人だけが、この四つ仮名を「間違って」発音し、混同していたのではありません。

もともと発音を異にしていたものが、混同してきたのは、東北からでした。

東北地方でのこうした例がどこまで遡れるかは文献の証拠がないためにわかりませんが、すでに鎌倉時代の僧・日蓮《にちれん》（一二二二～一二八二）の手紙には「嫁がず」を「嫁がづ」と書いたり、「縦横」を「じゅうわう」と仮名で書くべきところを「ぢうあう」などと書いています。

日蓮は、安房国長狭郡《ながさぐん》東条郷片海（現・千葉県鴨川市）に生まれ、鴨川の清澄寺で学問を受けています。

こうしたことから考えても、すでに一三〇〇年頃には、関東でも四つ仮名の混同が起こっていたらしいことは明らかです。

そして、その混同が、室町時代頃までには、京都近郊まで到達していたのです。

ラヂオはいつからラジオになったか

「じ」と「ぢ」について、別の例を見てみましょう。

私は、小学生から中学生の頃、アマチュア無線の免許を取って、世界中の人たちと交信をしていました。

日本語でいう「アマチュア無線機」の送受信機を、外国語では「Radio（レイディオ）」といいます。

当時、まだ一九七〇年代後半です。この「Radio」が、無線関係の雑誌には、よく「ラヂオ」と書かれていたのを覚えています。

東京、秋葉原の電気街にも、「ラヂオ」と書かれた看板が八〇年代はもちろん、九〇年代にもまだ残っていました。

ですが、二〇〇〇年代に入ってからだったと思います。すっかり「ラヂオ」の表記は見かけなくなりました。「ラジオ」になってしまったのです。

薬局の看板「ぢ」も、ほとんど見なくなりました。「痔」は、「ぢ」ですが、ＡＴＯＫでは「〈じ〉のあやまり」と出てきます。

また、「ビルヂング」も同じです。ただ、こちらの方は、「ビルジング」にはならず、「ビルディング」になってしまいました。

「building」の「di」を「ディ」と表記するのであれば、「radio」の「di」も「ラディオ」と書けばいいのにと思うのですが、そうはいきません。

みなさん、御自分で舌の動きを、観察してみてください。

「ビル・ディ・ング」は、「ル」を発音する時、口は閉じたままで、舌先が口蓋《こうがい》の奥の方までいきます。そして、そのまま上下両方の歯の間にスムーズに舌先を入れれば、「ディ」の発音が出てきます。

これに対して、「ラディオ」の場合は、「ラ」を発音するのに口を開けておかなければなりません。また、舌は、口蓋の前方で弾くようにした後、すぐに上下両方の歯の間に舌先を入れなければなりません。これを素早く行うのは、かなり骨が折れます。

英語の「radio　ゥレェィディオ」だと、舌は口内の真ん中辺りで動くだけで発音できるので疲れませんが、日本語で「ラディオ」というのは、舌の動きからしてみても非常に意識的に舌を動かさなければなりません。

「ラ」から「ジ」へは、口蓋で弾いた「ラ」の舌を、そのまま歯を綴じて、舌を下の歯に動かせばいいので、とても簡単です。

しかし、言葉は、「発音」だけでなく「表記」も伴って変化していきます。

「ラヂオ」「ビルヂング」と「ラジオ」「ビルディング」とでは、「見映え」がまったく異なります。

「ラヂオ」「ビルヂング」は、明治・大正のレトロな印象がします。

この時代遅れの印象を拭うために、一九九〇年代「ラヂオ」は「ラジオ」に、また「ビルヂング」は「ビルディング」へと、発音に基づく形で書かれるようになったのでした。

ただ、名古屋駅前、三菱地所所有の「大名古屋ビルヂング」は、二〇一五年建て替えの時も「ビルディング」を採用していません。これは同じく三菱地所の東京「大手町ビルヂング」にも共通しています。

「いちじく」と「いちぢく」

「じ」と「ぢ」の違いを考える事例を、もうひとつ挙げてみたいと思います。「無花果」という果物があります。

これ、仮名ではどう書きますか?

果物屋さんでは「いちじく」と書いてあるのがほとんどです。

ですが、貝原益軒《かいばらえきけん》の『大和本草』（一七〇九年刊）には「イチヂク」と書かれています。

そして、次のように説明されています。

> 寛永（一六二四〜一六四四）年中 西南洋の種を得て、長崎にう（植）ふ。（略）花なく実あり。異物なり。（略）味甘し。（後略）

この説が本当かどうかはわかりませんが、そう言えば、長崎には、どこにでもイチヂクの木がありましたし、今でも北九州や、福岡県の行橋市は、イチヂクの名産地として知られています。

この「イチヂク」の語源は、『（和漢音釈）書言字考節用集』（一七一七年刊）、また言語学者・新村出《しんむらいずる》の説によれば中国語の「映日果」の発音「イン・ディ・グヮ」であると言われています。

「日」は、日本語のカタカナ表記にすると「ディ」となりますが、これは舌をグルッと後ろに巻いて口蓋の上に付けて発音するもので、日本語にはこの発音はありません。「ジィ」とも「ディ」とも聞こえます。

「日本」の英語表記「Japan」も、じつは「日本」の中国語読み「ri-ben」に由来します。台湾で使われる閩南《びんなん》語《ご》では「日本」は「ジッペン」と発音されますが、これが「ジャペン」「ジャポン」「ジャパン」となっていったのです。

さて、「いちじく」も、「イン・ディ・グヮ（映日果）」が日本語化したものと考えれば、最初の頃は、「イ（小さな「ン」）ディク」、少し変化して「イティディク」と発音されていたのだろうと考えられます。

ただ「ティァ、ティ、ティゥ、ティェ、ティォ」の発音が喪《うしな》われる江戸時代中期には、おそらく「イティディク」は「イチディク」を経て「イチジク」と変化したに違いありません。

明治十七（一八八四）年に出版された松村任三編『日本植物名彙』には「イチジク」と書かれています。

「無花果」の場合には、その語源から、「イティディク」から「イチジク」までの音の変化をたどることができます。

しかし、漢字で書かれる「蛆虫」「蚰蜒」は、「うじむし」か「うぢむし」か、また「げじげじ」か「げぢげぢ」か、どちらが正しいのかまったくわからないのです。

日本語表記はなぜ大切なのか

さて、フランス語は、十六世紀初頭には、「h」の発音を喪いました。

「Hotel」は、英語では「ホテル」と発音しますが、フランス語では「オテル」です。

私の妻はフランス人ですが、日本語の「ハヒフヘホ」が発音できません。

「原宿」は「アラジュク」、「広尾」は「イロオ」、「府中」は「ウチュウ」、「平安時代」は

「エイアンジダイ」、「蛍」は「オタル」と発音します。

言語は、それぞれの音韻体系をもって、それぞれに変化して行きます。

韓国語には、「ピ」と「ヒ」の音の区別がありません。

韓国人の留学生に「コーヒー飲みに行こうか」と言うと、「コピー、いいですね」と言ったりします。

フィリピンの人たちは、「フィ」という発音ができないので、自分の国名、国語を「ピリピン」「ピリピーノ」と言います。

これは、それぞれの言語の変化の過程で現れる現象です。

意識して口や舌を動かさないで、どれだけ正確に相手に言葉を伝えることができるかどうか、その折り合いがつけば、発音はどんどん簡単になっていきます。言葉は、口頭での発音が主たるもので、表記はあとからついていくものです。

だから、日本語もまた、日本語ならではの変化の過程で、実際の発音と表記が合致しないという場面が出てくるのが当然なのです。

「発音」の変化に追いつこうとして「書き言葉」が揺れている時代は、まさに「過渡期」と言える状態です。

これを、無理して一緒にしてしまおうとすると、あとで困ったことになりかねないのです。

「お父さん」「お母さん」を「おとーさん」「おかーさん」、また猫の鳴き声を「ニャー」と書くなど「長音符」という記号は明治時代の国定教科書で使われ始めました。

もし、この伸ばす音を、全部「ー（長音符）」で書いたとしたらどうでしょう。


「椎茸」を「しいたけ」でなく「しーたけ」

「飛行機」を「ひこうき」ではなく「ひこーき」

「兄さん」を「にいさん」ではなく「にーさん」

「妹」を「いもうと」ではなく「いもーと」

「王様」を「おーさま」


漢字があれば、問題はないのではないかと考える人もいるでしょう。

ですが、明治時代以来「漢字は、それを学習するだけ無駄な時間」と考える人は少なくありません。日本語より英語を勉強する方が将来の就職などでも有利だと考えて、経済的に裕福な人はとくに、自分の子どもをインターナショナルスクールに入れたりします。

もし、「日本語は、発音を本位にして書くことに決め、漢字もなくす」という政治的判断がなされたとしたら、「しーたけ」の「しー」が「椎」「強い」「四囲」、あるいは英語の

「sea」「see」、静かにするという擬音の「シー」なのかさえわからなくなる可能性だってあるのです。

「語源などわからなくても誰も困らない」と言われればそれまでですが、そうなると古典は読めなくなります。

古典が読めなくなると、想像力は枯渇するでしょう。そして、人の命を支えてきた精神もそこで途絶えてしまうに違いありません。

ＡＩ、テレパシー、言葉を超えた意思の伝達方法が行われるようになってしまえば、語学の習得、研究もする必要がなくなってしまうのでしょう。

ただ、誤解しないでいただきたいのは、私が保守的に、伝統的な日本語の表記を固持しないといけないと言っているのではないということです。

「伝統」という言葉は、明治時代後期になって作られた、とっても便利な言葉です。「伝統芸能」「伝統工芸」など、「伝統文化」という言葉は、日露戦争の後、「日本」の文化の高さを世界に誇示するために作られたものです。

もちろん、その時代には、その時に必要だと舵を取る人たちがいて、そういう政治的判断をしたのです。でも、はたしてそれが正しかったのかどうかは、わかりません。

ただ、「伝統」という言葉を付けることで「芸能」や「工芸」から、それまでずっと伝えられてきた「何か」が突然消え失せてしまったことも確かです。

この「何か」をたとえば、「精神」と言ってしまうのは簡単なのですが、「精神」もじつは明治時代後期になって作られた便利な言葉のひとつでしかありません。本当は、その「何か」をきちんと説明することが、日本思想史、あるいは日本哲学史の課題であり、言葉の力で解き明かすことのできる表現力なのではないかと思います。

日本語の歴史、表記の矛盾から少しはずれてしまいましたが、言葉は単なる記号ではない、ということも、少しだけでいいので、考えてみていただければと思います。

そして、「なぜ？」という好奇心が、言葉を学ぶための原動力であればいいのになぁと思うのです。

「やゆよ」の欠落を埋めた人々

さて、ここまで取り上げてきた仮名のあれこれは、学校ではなかなか習うことがなかった知識だと思います。皆さんは、学校で五十音図を習ったと思いますが、その時、「ヤ行」と「ワ行」は、あるべきところに文字が書かれていないことに疑問を抱いた記憶をお持ちではないでしょうか。

「や□ゆ□よ（ヤ□ユ□ヨ）」です。

「ワ行」は、一九四六年以降の教育では「わ」「を」だけになってしまいましたが、それでも「わゐ□ゑを（ワヰ□ヱヲ）」と書かれていたのをご存じの方も少なくないのではないかと思います。

さて、ヤ行の「エ段」にも、日本語としての文字は、もともとなかったけれど、外国人は、それを聞き分けて「あるべきもの」と考えていたというお話をしたいと思います。

江戸時代末期、一八五三年七月八日（当時の日本の暦では、嘉永六年六月三日）、アメリカ海軍東インド艦隊司令長官、マシュー・ペリー（一七九四〜一八五八）は、琉球諸島を経て浦賀に入港して、日本の開国を要求するアメリカ合衆国大統領の親書を渡しました。

いわゆるペリー来航です。

翌年には、日米和親条約が締結されますが、ペリーは、一八五六（安政三）年、アメリカ議会から『ペリー艦隊　日本遠征記』を出版します。

この中でペリーは、「江戸」のことを「Yedo」と書いています。日本人が話す「エド」という言葉をそのまま表記したに違いありません。

一六九二（元禄五）年に出版されたイタリア人地図製作者、コロネリ『日本諸島と朝鮮半島図』（放送大学附属図書館所蔵『西洋古版日本地図一覧』参照）には、「IEDO」と書かれています。

ア	カ	サ	タ	ナ	ハ	マ	ヤ	ラ	ワ	ン
イ	キ	シ	チ	ニ	ヒ	ミ	𛄠	リ	ヰ	
ウ	ク	ス	ツ	ヌ	フ	ム	ユ	ル	𛄢	
エ	ケ	セ	テ	ネ	ヘ	メ	𛀀	レ	ヱ	
オ	コ	ソ	ト	ノ	ホ	モ	ヨ	ロ	ヲ	
成喉音	顎歯音	舌顎音	舌剛音	舌柔音	外唇音	内唇音	顎喉音	舌頭音	唇喉音	舌鼻音

『小学授業法細記』（国立教育政策研究所教育図書館所蔵）

我々現代人は「エド」と発音しますが、江戸時代の人たちは「ヤ行」の「Y（I）」をつけて「イェド」と発音していたのです。

だからなのですが、明治政府が五十音図を全国の小学校に配布する際、ア行の「エ」とは別に「ヤ行」にも「イ」に似た形の下に横一棒をつけた「𛀀」という変な仮名を作ったのでした（上図参照）。

でも、この文字は、まったく普及しませんでした。

だれも「エ」と「イェ」の区別ができなかったこと、それに当時はまだ「ワ行」の「ヱ」もありました。よほど語学的センスを持っている人でなければ、それらを聞き分け、書き分けるということはありませんでしたし、またそういう必要もなかったのです。

「ウィ」と発音する「ゐ（井）」があれば良かったのになぁと思うのは、フランス人の「Oui【ウィ】（日本語『はい』の意味）」を「井」や、「Whiskey（Whisky とも）」を「井スキー」と書くと一文字分、原稿用紙の枡目を無駄にしなくていいのになぁと思った人くらいだったに違いありません。

「ん」で始まる言葉？

五十音図と言えば、最後を飾っているのは「ん」です。

「あさ――さかな――なめくじ――じかん」負け！

「かみ――みかん」負け！

尻取りでは「ん」が来ると負けというルールがあります。なぜかというと、「ん」で始まる言葉が日本にはないからです。

というと、沖縄在住の方や沖縄出身の方から必ずと言っていいほど、「そんなことはない」といってお便りをいただきます。

「海ぶどう」は「んきゃふ」、料理にも「んじゃなばーすーねー」というのがあるし、「お米」だって「んちゅみ」、「鰻」は「んなじ」、「昔」も「んかし」と言うし、「梅」だって「んめ」「んみ」と言う。

そういえば、東北でも「そうだ」ということを「んだー」と言う。

世界に目を向ければ、ポリネシア、メラネシア、ミクロネシアなどで作られる布は「ンガトゥ」、チャドの首都は「ンジャメナ」など、「ん（ン）」で始まる言葉はたくさんあります。

でも、この語頭の「ん」の発音は、全部「ng」という言語記号で書かれる鼻濁音で、「N」と喉の奥で切ってしまう音ではありません。鼻から息を抜きながら出す音なのです。「んなじ（鰻）」は「ng-naji」で「ん」と言いながらもすでにその時には鼻の奥の方から息を抜いて「な」という次の音を出す準備をしています。「んめ（梅）」も「ん」とは書いてありますが、両唇を合わせて「m（む）」と発音しているのではないでしょうか。

自分たちが無意識にしている発音を、五十音図のどこかに当てはめようとすると、「ng」や「m」なども、「ん」に入れてしまった方が一番近いのかもしれないと思うのか、それとも他の方言と比べて自分たちが使っている言葉は特殊だという特徴を出すためなのか、さまざまな要素が入り交じって、「ん」で始まる言葉があると言われるのです。

でも、詳しく、口の中の調音の位置、音の測定を行うことなどによって、「ん」は、「N」ではないことは確かです。

日本語の「ん」は、「ng」と「m」と「n」の三種類の音を表すことができる、とても守備範囲の広い表音記号なのです。

さて、仮名の謎を解き明かしてきた本章ですが、以上のとおり「ん」の話題に到達したので、そろそろ終わりにしたいと思います。

3章 国語の授業は謎だらけ

消えた「ゐ」「ゑ」

本章では、主に「国語」とは何か、その歴史についてお話ししたいと思います。というのも、読解力、筆記力、表現力の低下が大きな社会的問題とならないうちに、なんらかの方法でそれを改善しなければならないからです。

「あ」など、これまでなかった文字表記を生み出して、新しい仮名の体系を作ろうとするとすれば、やはり古代日本語の音韻から現代はもちろん、将来を見すえた言語学的な視点も必要になってきます。

とくに、今後、さらにデジタル化が進むとなれば、そのことも視野に入れる必要があるでしょう。

やはり少なくとも「国語」という教科がどのようにして生まれてきたのか、そしてそれが太平洋戦争後、どのような改革が行われてきたのかなど、知っておく必要もあるのではないかと思うのです。

ご存じの方も少なくないと思いますが、じつは「ワ行」の「ゐ（ヰ）」や「ゑ（ヱ）」が五十音図の中から削除されたのは、昭和二十一（一九四六）年十一月十六日、「現代かなづかい」の内閣告示が行われ、その翌年四月から施行されてからです。

「居る」を「ヰる」と書いたものが戦前にはたくさんありましたし、「猪」も「いのしし」ではなく「ゐのしし」と書かれていました。

また「ゑ」は「笑《ゑ》う」「酔《ゑ》う」のほか、「とみゑ」「ゑみこ」など、女性の名前でも使われていました。

これが「現代かなづかい」の施行によって次第になくなってしまったのです。

まもなく戦後八〇年を迎えますが、「ゐ」や「ゑ」を書き分けられる人はもうほとんどいなくなってしまったのではないでしょうか。

こう言ってよければ、「ゐ」を「ウィ」、「ゑ」を「ウェ」と発音していたからこそ、ア行の「い」「え」と区別して書き分ける人がいたのです。

ところが、「ゐ」「ゑ」の文字がなくなってしまうと、もうその書き分けを必要とすることさえ忘れられてしまいます。

発音が簡単になり、日常で使う語彙数が減っていくと、説明力、表現力も低下してしまうでしょう。

だれもが使える「やさしい日本語」という戦後の教育が全面的に間違っていたとは言いませんが、せっかくあった文字を捨ててしまったという点では、非常に残念なことをしたのではないかと思うのです。

こうしたことからも、この章では、日本語表記のための五十音図の文字の存在を支えてきた「国語」教育という根元的な歴史とその精神性について考えてみたいと思うのです。

「国語」とは？

そもそも、小中学校の「国語」の授業って何なのでしょう。

「社会」「理科」「算数」の教科書も、「日本語」で書かれているのだから、わざわざ「国語」なんて勉強する必要はないのではないでしょうか。それに、「言葉」ということからすれば「英語」の授業もあります。「英語」で書かれた「社会」「理科」「算数」はないのに、「英語」も勉強しないといけないとは、いったいどういうことなのでしょう。

日本語を勉強する科目であれば「日本語」でいいのではないでしょうか。

じっさいに、フランスの学校では、語学としての「français」（フランス語）、「japonais」

（日本語）、「allemand」（ドイツ語）、「espagnole」（スペイン語）という科目はあっても「国語」あるいは「国家語」を意味する「la langue nationale」のような科目はありません。

ところで、二〇二二年の四月から高校で扱われる「国語」が大きく変わったということをご存じでしょうか。

これまで高校の国語は、森鷗外、夏目漱石、志賀直哉など、文豪の作品を深く読むということを目的にしてきました。

ところが、一転、二〇二二年の四月から高校で使われる「国語」教科書には随筆や小説を含めた「文学作品」を禁じてはいませんが、掲載しないということを文部科学省は決定したのです。

「文学作品」を掲載しない代わりに、「実用」的な契約書の読み方などを載せることになっています。

文部科学省は、これを「論理国語」と名付けています。

スマホを契約した時、保険を契約した時に渡される、何をどう読めばどう理解できるのかわからない分厚い「契約書」を読みとることは、「契約履行」という人類が獲得した法の遵守という生活の基本を知る上ではとても大切なことでしょうが、はたして「文学」を捨ててでも学ぶべき「国語」なのでしょうか。

理科や社会で、すでに「論理的」な「国語」は学んでいますし、「実用」というものは世の中の流れとともに変化していくものです。

「実用」という「現象」より、「文学」や「古典」という日本人が古代から継承してきた根元的なものを学ぶことの方がより重要だろうと思います。「論理国語」という意味がわからない造語を作るより、むしろ変えていかないといけないのは、教育の「方法」なのではないかとも思うのですが、これについてはまた別の機会に触れさせていただきたいと思います。

さて、そもそも、「国語」とは何か、ちょっとそのことを考えてみたいと思います。

というのも、「国語」の勉強の「目的」「到着点」がわかると、勉強をする「理由」もわかるでしょうし、また自分がどの段階にあるのかを知る「目安」も作ることができるからです。

これは、仕事でも同じだと思います。

「何のために仕事をやっているのか」と聞くと、「やらないといけないことをやっている」という人が多いのですが、それではまったく答えになっていません。

「何のために仕事をするのか」の答えは、「自分で何か新しいこと、新しい視点を発見して、それを人にうまく伝えること」だと、ぼくは思っています。

少し、横道に逸れてしまいますが、「論理国語」が求めているものと、「仕事」とは決して無関係な事柄ではありませんので、その点について記したいと思います。

プラハ生まれの小説家・カフカの『変身』、フランスの小説家・カミュの『異邦人』などを出すまでもなく、この世は不条理です。

すべての人が、すべてのものを満足に所有し、満足なまま生活し、満足して死んでいくということはありません。

才能がある人もあれば、ない人もいる。

お金持ちに生まれた人もあれば、そうでない人もいる。

兄弟姉妹であったとしても性格は違うし、物の考え方も異なる。

とにかく、千差万別で、それぞれが不条理の中を生きていかなければならないのです。

言葉は、生きていく上での武器

「国語」と関係ない話じゃないかと言われるかもしれませんが、「国語」は、「不条理の世界」を、どう生き抜くかという「方法」を学ぶための「科目」なのです。

生きていくためには、言葉が必要です。

他人との対話、書類上でのやりとりは、歴史が始まって以来（つまり「有史において」）不可欠です。

ですが、話すためにも、書くためにも「言葉」を知らなければ、どうすることもできません。それに、「言葉」は、「考える」ためにもなくてはならない「道具」です。

「国語」は、その「道具」を自分の武器として獲得することなのです。

「言葉は道具」「言葉は武器」です。

まず、これを忘れないでください。

だから、もし、皆さんが望むのであれば、その「道具」「武器」は、必ずしも「日本語」でなくてもいいのです。

ただ、「母国語」は、とても大切です。

自分の、感じ方、考え方の基本になるからです。

赤ちゃんは、母親のお腹の中にいる間に、すでに母親の喜怒哀楽を感受していると言われています。「喜怒哀楽」とは、言葉について言えば、「母音」と「リズム」によって成り立っています。

たとえば、何かをやり遂げた時の喜びの言葉、「やったー」という言葉のリズムは、日本語ならではのものですし、「や」「た」の母音「ア」は、日本語の他の語彙から見ても、明るい元気な語感を持っています。

これに対して「くるしい」はどうでしょう。母音は「ウウイイ」です。何かに上から覆われて行き場を喪い、内側に矢が刺さっていく音が連続して迫ってくるような不穏な音の並びとリズムになっています。

赤ちゃんは、羊水の中で、こうした音感、語感を体得しながら脳に「母国語」を形成しているのではないかと考えられます。

ところが、パソコンやスマートフォンの登場によって、人は全般に、お喋りをしたり、感情を外に出したりするようなことが少なくなってしまいました。

言葉は、脳内だけでなく、身体全体で共鳴します。赤ちゃんを包む社会全体の環境に、こうした「リズム」や「母音」が喪われていくのは危機的なことではないかと思われます。

母国語とは？

「母国語」は「喜怒哀楽」を表現すること、また「人との繋がり」「物との関係」を築くことの基本ですから、どのような言語であってもかまいません。

ただ、その人を育てる環境という点は、無視できないのではないかと思われます。

日本人の祖父母、父母を持ち日本国内で義務教育を受ける人と、祖父、祖母、父母も異なった母国語を持ち、海外を転々と移動しながら生活をする人とを同列に考えることはできません。

人は、置かれた環境の中で「母国語」を育んでいきます。

ただ、ここでは、日本語を「母国語」に、日本で義務教育を受ける人たちを対象に話を進めたいと思います。

そこで、まず皆さんに問題を出します。

「国語」という教科は、「日本語」とはどのような違いがあるのでしょう。「国語」の教科書で習うことは、「日本語」を習うこととは違います。

もちろん「国語」の学習では、「日本語」を成り立たせている文法や語法なども習得します。しかし、それらは「国語」の一部でしかありません。

我々が「国語」で習うのは、「日本語」による思考方法であり、「日本語」を母国語として東アジアの弧状列島に住む「日本」を国家として成り立たせるための意識でもあるのです。

こんなふうに書くと、保守、右翼と言われるかもしれませんが、私はとくにそうした意識を持っているわけではありません。

ただ、世界史的な視点で見ると、「日本」及び「日本人」は、「日本語」という「母国語」を使って、独特の文化を創り出した特殊な存在なのだろうと私は考えるのです。

たとえば、正倉院には、朝鮮半島、中国大陸、インド、ペルシャなどから持って来られた八世紀初頭までの文物が収蔵されています。これらの宝物は、作られた国ではすでに喪われてしまったものがほとんどです。私は、正倉院は、まるでタイムカプセルのようなものだと考えていますが、おもしろいと思うのは、こうした収蔵庫を一〇〇〇年以上に亘って、ほとんど無傷で保管することができたということです。

こうしたことを考えるには、「母国語」的な思考が必要なのではないかと思うのです。

挙げればきりがありませんが、どうして世界に先んじて、一〇〇〇年頃、五四帖にも及ぶ長編小説『源氏物語』が書かれる環境が整えられていたのか、江戸時代の浮世絵とはどのような思想によるものなのか、幕末から五〇年足らずのうちに、どうして日本はヨーロッパ列強に肩を並べる程の近代的思考を習得することができたのかなど、日本の歴史を見ていくと、「国語」的思考が、「日本」という国家の在り方と不可分ではないと考えられることもたくさん見えてきます。

つまり、「国語」という教科は、「日本」という「国家」がどのように創られ、今後どのように守り、創っていくべきかを考える学習だと考えることができるでしょう。

「国語」という言葉

「国語」という教科を表す言葉は、明治時代前期に作られたものです。

正岡子規（一八六七～一九〇二）が書いたもののなかに、突然ある年から「国語」という教科が始まったという話が書かれています。

じつは、子規が入学した頃の松山中学では、当時の愛媛県県令（現在の県知事に相当する）・岩村高俊《いわむらたかとし》が招いた教育者・草間時福《くさまときよし》（一八五三〜一九三二）の影響を大きく受けた教育が行われていました。

日本の教育史に詳しい影山昇の講演要旨「愛媛近代教育と英学との関連」によれば「学年の編成、教科目乃至教科書の撰定」を一任された草間は、「科目も、英文・漢文・歴史・地理・物理・生理・植物・数学・代数・幾何・三角等であって、教科書と言ふ者も、（中略）日本語の書物がないので、国語・漢文及日本支那の歴史を除いては、多く皆英文原書である。生理植物より代数、幾何に至る迄原書である。外国歴史も『カワッケンボス』の大小合衆国史・万国史、或は『スィントン』の万国史、『ミル』の近・古代史であって、英文は『ギゾー』の文明史や『ミル』の代議政体で、之等の教科書は地方の書店で間に合はぬから、生徒には学校から貸与され、『ウェブスター』の大辞典、中辞典乃至英和辞書まで尽く貸与せられた」というものでした。

草間時福は、京都出身の士族で、漢学者・安井息軒《やすいそくけん》、啓蒙思想家・中村敬宇《なかむらけいう》の教えを受け、慶應義塾で政治演説などを学び、土佐、阿波、伊予など四国での自由民権運動の基軸を作った教育者、政治家です。

正岡子規は十五歳の時、「五月故有りて諸生とともに松山中学校を退く。賦《ふ》して以て懐《おもい》を述ぶ」という漢詩を書いて松山中学校を退学し上京しますが、まもなく草間と東京で再会し、日本の文化革新の歩みをともにします。

宇和島藩（現・愛媛県）では、江戸時代中期（元文二〔一七三七〕年頃）から蘭学が盛んに行われていました。

もともと進取の気性があったところとは言え、すべての科目が英語の原書を使って行われていたとは、すごいことだと思います。

ところで、ここに影山は「国語」と書いていますが、じつは、当時の「国語」は「和文」あるいは「国文」と呼ばれていました。「和漢の文章」とか「国漢文」など、「漢文」に対する「日本語で書かれた文章」という意味です。

江戸時代、「和文」の教科書は、手紙や証文などの文書の書き方を教える「往来物」が使われていました。身分、職業の違いによって、数千種に及ぶ「往来物」が発行されていたことがわかっています。

ですが、明治時代になって一斉に「国語」教育をしようとした時、「往来物」はその用を足せなくなってしまっていたのです。

明治政府が「国語」の先生に利用したのが、神道の神主、そして浄土真宗東本願寺と西本願寺のお坊さんです。

彼らは、江戸時代を通じて、氏子や檀家の人たちに説教をしていました。その説教の仕方を習い、議論ができるように子どもたちを養成することを「国語」の教科にしようとしたのでした。

これは、明治政府が中央集権化のために作らなければならなかった「国民」という意識と「共通語」への最初のステップだったのです。

フランコフォンと日本語人口

さて、こうした視点から「国語」の教科書の歴史について触れたいと思うのですが、その前に、フランスの「国語」教育について紹介をしてみたいと思います。

というのも、一九七〇年代まで、フランス語は、哲学、文学、芸術などの人文学のみならず、郵便制度においても国際語の役割を果たしていましたが、今は、もはやその勢いは衰え、あらゆる面で英語にその役割を取られてしまっているからです。

たとえば、フランスでは、アメリカのハンバーガーチェーン・マクドナルドの誘致を限定したり、ラジオ番組でも英語の歌は、放送する全曲の三割に抑えるなどの処置をして、フランス語を守ろうとしています。

それでも、フランス語は、その根幹を喪うことはなくても、次第に英語に侵食されているのは否めません。

一九九〇年代までは、よくこんな話を聞きました。「フランスの人は、お高く止まって英語を話してくれなくて、困る」と。

インターネットの普及によるグローバル化は、英語による国際化を一気に推し進めました。コロナ禍が始まる直前に留学から帰って来た、経済学部の学生がこんなことを言っていました。

「フランス語で経済学の勉強をしたいと、留学先で先生に言ったら『そんな無駄なことしないで、英語で経済を語ることができるようになるべきでしょう。なぜ、アメリカに留学しなかったの？』と言われました」

フランスでは、フランス語を母国語とする人たち、あるいはフランス語圏に住んでいる人たちのことを「フランコフォン」と呼びます。

一五三四年から始まったフランスによる植民地政策は、アフリカ北西部、アメリカのルイジアナ州、インド東海岸からインド支那、南アメリカにも及びます。

たとえば、仏領インドシナは、現在のベトナム、ラオス、カンボジアとなって独立していますが、今なお、ラオスにはフランスの文部省が管理するフランス人学校（幼稚園から高校まで）が残っています。

また、タヒチ大学の学長はフランス人ですし、南アメリカの仏領ギアナ、ニューカレドニア、レユニオン島、アフリカ北西部のアルジェリア、モロッコ、マリ、コートジボワールなどの人たちはもちろん、カナダでもフランス語が使われています。

ベルギーなど、たまたまフランス語を使っていた人たちがいた地域が「王国」となって独立したところもありますが、現在、全世界で約一億二〇〇〇万人が主要言語として使っていると言われています。

この数字、何かと同じだと思いませんか?

日本の人口、あるいは日本語を母国語としている人たちの人口です。

フランス語を主要言語として使っている人の数と、日本語を使っている人の数は、ほぼ同数なのです。

バカロレアという試験

さて、フランスの「国語」教育の中で、最も優れている点を紹介しましょう。

それは、バカロレアという「リセ（高校卒業）」を証明する試験です。

現在は、フランス語以外で「歴史」を選んだりすることができますが、文系の場合には、フランス語での文芸、言語学、哲学、芸術、歴史地理学、政治学、経済学、社会科学での単位取得が必要です。自然科学の場合には、数学、物理学、化学、幾何学、代数学、地質学、生物学などが課せられます。

バカロレアは、フランスの大学に進学するには必ず取得しておかなければなりません。フランスでは日本のように大学への進学率は高くありませんが、二〇一九年度は、リセを卒業するフランス国民の八〇%が、いずれかのバカロレアを取得しているとされます。

これは政策上のことなので、一般化しているというのは難しいのですが、一八〇八年、ナポレオン・ボナパルトによるバカロレア教育の導入後、最高の取得率でした。

ちなみに、一九〇一年度は、同じくリセ卒業段階でのバカロレア取得率は一%、二〇〇五年度は六三%、過去一〇〇年の平均では五四%です。

日本の場合は、二〇一九年三月の高校卒業率は九五・三%、戦後の平均は八〇から九〇%と言われますから、日本の教育水準は非常に高いと考えられます。

ですが、フランスとの極端な教育の差は、「哲学」という面にあります。

フランスのバカロレア（文系）には、通常の学科目に加えて「哲学」という難関が待ち受けているのです。

たとえば、二〇一八年度には、次の三つが問題として出されました。

・「文化は、我々をより人間的にするか」
・「真実を放棄することは可能か」
・「ショーペンハウアー『意思と表象としての世界』から抜粋された次のテキストを解説すること」

受験者は、一か月程前から、この三つの問題の他に五問ほどの類似の課題について、準備を始めますが、試験当日になってみなければ、全八問のうち、どれが自分に課されるか、まったくわかりません。

試験に行くと、クジ引きで決まる三問のうちのひとつに答えなければならないのです。この試験は、筆記での回答と、面接で、ひとり四時間。

面接に対応する先生は、各学区から、生徒にはまったく関係のない人たちが選ばれ、公平な評価が下されます。

筆記、口頭によるフランス語のチェックはもちろん、論理の展開方法の巧みさ、問題解決の視点や合理性などが問われるのです。

思考方法の継承

バカロレアの「哲学」は、少なくとも一〇〇年の歴史があります。

二〇二〇年から一〇〇年前、日本の年号では大正時代に遡ります。当時「エリート」と呼ばれた旧制高校の生徒であれば、かなりの合格率を挙げられたと思いますが、現代日本で、もし同じような試験をしたら、どの程度の合格率が見込めるかと考えると、少し不安になります。

教育のシステムが、まったく変わってしまったからです。

明治維新と同時に、日本の教育は、縦軸から横軸に完全に転換してしまいます。

横軸の教育とは、子どもの学校入学の年齢を定めて、年々学年を上げ、学年にはそれぞれの教師が指導に当たるというものです。

江戸時代に行われた藩校、寺子屋、手習いなどの教育はこれとはまったく異なっています。七歳くらいから元服前の十七歳くらいまでの子どもが全部一緒になって、他者との関係を築くための礼儀から考え方の是非などあらゆる学問を学び、師範とよばれる教師は、子どもたちが逸脱しないように見守る役目を果たしていたのです。

江戸時代のこうした教育のシステムは、明治時代のヨーロッパ式横軸教育によって崩壊しますが、それでも旧制高校の「寮」などでは、この年齢混交型の教育はまだ守られていました。

ところが、戦後の教育は、完全にこれを壊してしまいます。

一〇〇歳人口が増えているとは言え、戦後七六年を迎えた二〇二一年には、藩校や旧制高校での教育システムを再構築するための叡智を教えてくれる人はほとんどいません。

フランスのバカロレアの「哲学」は、一〇〇年の時を経てなお、フランス語による思考方法を今後、実際に社会を担っていく世代に課すという点で、縦軸による教育方法を守っているのだと考えられます。

しかし、残念ながら、わが国には、このような一貫した思考が喪われています。

日本語的な発想、思考の方法が不要であるのかどうか——しかし、日本ならではの文化が、もし日本語的発想、思考と結びついているとするならば、それは結局、「自己」とは何かというアイデンティティとも関係する問題になるのではないでしょうか。

国語の教科書

さて、それでは、「国語」の教科書とは何なのかについて、考えてみたいと思います。

明治三十六（一九〇三）年四月、文部省は「小学校の教科用図書は文部省に於て著作権を有するものたるべし（原文は漢字カタカナ交じり）」という教育法を定め、翌・明治三十七

鮮斎永濯「小学入門教授図解　第七」『小学入門解』（国立教育政策研究所教育図書館所蔵）

（一九〇四）年から国定教科書による「国語」教育を開始します。

その時、小学一年生に配付されたのが『尋常小学読本一』、俗に「イエスシ本」と呼ばれるものです。

これは、「イエ」「スシ」から本文が始まるのに由来していますが、発音矯正を目的としています。

東北地方では「イ」と「エ」、「ス」と「シ」を区別して発音することができないというので、この二つが巻頭に挙げられているのです。

「国定教科書編纂趣意書」によれば「本書は発音の教授を出発点として児童の学習し易きカタカナより入りたり（原文は漢字カタカナ交じり）」と記されていますが、これは、「国語」とはつまり「共通語」であるという意識が、当時の文部省に強かったことを表します。

編纂の中心にいたのは、ドイツに留学して言語学を修め、東京大学に「国語研究室」を作った上田万年です。

言語学という分野から「国語」にメスを入れたという点では非常に画期的ですが、同時にこれは戦争に備えるためでもあったと考えられます。

当時、わが国は、日露戦争に直面していました。

一八九四年の日清戦争から、一九〇四年の日露戦争、さらに一〇年後には第一次世界大戦が勃発します。

ヨーロッパ列強の植民地政策から逃れ、幕末に締結された不平等条約を解消するために、「徴兵」はどうしても必要でした。

はたして、全国から集まる人々に対して、軍事的な命令を伝えるためには、方言の矯正、標準語の普及も絶対に重要な要素だったのです。

戦前の国語教科書

ところで、戦前の国語教科書は、唐澤富太郎（一九一一〜二〇〇四）『教科書の歴史』（創文社）によれば、それぞれの時代に、次のような傾向があったと記されています。

第一期国定教科書　一九〇四～〇九（明治三十七～四十二）年
資本主義興盛期の比較的近代的教科書
第二期国定教科書　一九一〇～一七（明治四十三～大正六）年
家族国家観に基づく帝国主義段階の教科書
第三期国定教科書　一九一八～三二（大正七～昭和七）年
大正デモクラシー期の教科書
第四期国定教科書　一九三三～一九四〇（昭和八～十五）年
ファシズム強化の教科書
第五期国定教科書　一九四一～一九四五（昭和十六～二十）年
決戦体制下の軍事的教科書

また、唐澤の研究をもとに教科書の内容を分析した大田勝司「国語教科書」には、次頁のような表が示されています。

「第六期」に分類されるのは、戦後、一九四七（昭和二十二）年に発行された『こくご』『国

国定国語教科書の内容分析

（単位：％）

教材内容＼時期区分	第1期	第2期	第3期	第4期	第5期	第6期
文学的内容	32.8	38.7	51.5	54.1	48.4	80.5
歴史的内容	10.9	12.3	13.8	15.0	11.1	記載なし
科学的内容	37.4	30.0	22.0	17.9	17.0	6.5
社会的内容	4.6	6.0	4.9	2.3	2.3	2.6
ナショナリズム的内容	3.4	4.0	2.6	3.3	4.2	0.7
ミリタリズム的内容	7.1	4.0	2.6	5.5	14.4	0
生活的内容	3.8	5.0	2.6	1.9	2.6	9.7

出所）大田勝司「国語教科書」より

語』（「みんないいこ」読本）の国定教科書を指します。

表を見ると「国語」が、「日本語」を教えるための教科書でないことはおわかりになると思います。

「国語教育」とは、その時の政治、また政治が目的とするところと決して無関係ではないことが明らかなのです。

時代によって変わる内容

上の表をご覧ください。

まず、第一期の一九〇四年から六年間の間、つまり、極東の島国である日本が、初めて英国と同盟を組むことに成功して日露戦争に勝利することができ、不平等条約を改正することができた頃の「国語」には、「近代科学」とヨーロッパの合理主義的教育が必要だというので、「科学的内容」が高い割合で含まれています。

ところが、これが占める割合は徐々に下がり、第六期、戦後発行の「国語」では、わずか六・五％に縮小します。

これは、「理科」「算数」など自然科学分野での教育の発達があったからです。

それでは「ミリタリズム的教育」、つまり「軍事教育」はどうでしょうか。

第三期国定教科書が発行された大正デモクラシーの時代は、「モボ・モガ」「カフェ」「映画」、文学であれば武者小路《むしゃのこうじ》実篤《さねあつ》や竹久夢二《たけひさゆめじ》など「白樺派」と呼ばれるものが出てきて、とてもロマンチックな「古き良き時代」でした。この現象は日本だけではありません。フランスでも「ベル・エポック（良き時代）」と呼ばれ、第一次世界大戦直前に起こった夢のような時代でした。

今から考えれば、「当時の平和」が、そのまま続くとは決して思えない状況だったことは明らかですが、当時の政府、少なくとも文部省内部には、そうした危機感は、ほとんどありませんでした。これは、当時の新聞や国会の議事録を開くとすぐにわかります。

ミリタリズム的内容は、戦前で最低の二・六％にとどまっています。これが第五期「決戦体制下の軍事的教科書」の時代を迎えると、一気に一四・四％に跳ね上がるのです。

一方、昭和八（一九三三）年から昭和十五（一九四〇）年の間に出された第四期国定教科書は、戦前の教科書の中で、もっとも美しいものでした。

「サイタ　サイタ　サクラ　ガ　サイタ」という「文章」で始まっていること、そして色刷りで、受け取った子どもも親もびっくりするくらい華やかな気持ちになったと言われています。

これは、編纂者の影響によることは間違いありません。

昭和七（一九三二）年頃に、だいたい五十歳くらいの人が主になって、第四期の教科書は編纂されています。

そうであるとすれば、明治十五（一八八二）年頃に生まれ、大日本帝国憲法が施行される明治二十三（一八九〇）年に尋常小学校に入り、日露戦争（一九〇四年）の頃に尋常中学校を卒業した年代です。

どういう人たちが具体的に同世代でいたのでしょうか。

文学者であれば、野口雨情《のぐちうじょう》（一八八二〜一九四五）、鈴木三重吉《すずきみえきち》（一八八二〜一九三六）。また、言語学、日本語学の専門家であれば、石川啄木の友人で、アイヌ語の研究で知られる金《きん》田一京助《だいちきょうすけ》（一八八二〜一九七一）、また彼らより六年年上に当たりますが、先に引いた上田万年の弟子で、岩波書店『広辞苑』の編者として知られる新村出《しんむらいずる》（一八七六〜一九六七）が挙げられます。

文学と「国語」

国定教科書は、その編者の名前を特定することはできませんが、これら文学者は、皆、子子どもの心、未熟なものを大事にするという気持ちで繋がっている人たちです。
別な言い方をすれば、近代日本の恩恵を一番に受けることができた人たちで、彼ら自身、子どもの心を持ったまま成人することができた時代の人たちです。もちろん、彼らは彼らなりに問題を抱え苦しい生活を強いられます。しかし、どんな時代に幼少期から成人を迎える頃までを過ごすかによって、「世代」の風潮、引いては「人となり」の核は、大きく異なってきます。

たとえば、野口雨情は『十五夜お月さん』『七つの子』『赤い靴』『シャボン玉』など、今でも子どもたちに歌われる童謡を遺しています。

鈴木三重吉の最大の業績は児童向けの雑誌『赤い鳥』の創刊でしょう。

三重吉は夏目漱石の弟子ですが、『赤い鳥』で芥川龍《あくたがわりゅう》之《の》介《すけ》、有島武《ありしまたけ》郎《お》、北原白秋《きたはらはくしゅう》、西条《さいじょう》八十《やそ》、谷崎潤一郎《たにざきじゅんいちろう》、菊池寛《きくちかん》、新美南吉《にいみなんきち》による童話や童謡を全国規模で発信していきます。

新村出は、ドイツ、イギリス、フランスに留学して言語学を修め、京都帝国大学の言語学講座の教授に就任します。新村は、日本語の語源や室町時代から江戸時代初期のキリシタン文献に精通していました。昭和天皇に国書の進講なども行っていますが、同時に子どもにもわかりやすい言葉で、日本語の語源や歴史などを教える本も書いています。

金田一京助も、上田万年の弟子で『ユーカラの研究：アイヌ叙事詩』など、アイヌ語の先駆的研究業績を遺していますが、三省堂『中等国語』（長男で言語学者の金田一春彦《はるひこ》と共編）、同じく三省堂から出版された『明解国語辞典』は、言葉の使い方で息苦しくなくほのかな優しさとわかりやすさで、とても高い評価を受けていました。

こういうことから考えても、太平洋戦争に突入する前に配付された第四期国定教科書は、とてものびのびとして、心を豊かな人たちによって作られたもので、同じような心を育てたいという思いが込められていたのではないかと思うのです。

実際に、この教科書で育った人たちが、昭和三十年代後半、高度経済成長の真只中、子育てをする世代になっていきます。

たとえば、私の父は昭和七（一九三二）年生まれ、母は昭和十（一九三五）年生まれと、まさにこの第四期国定教科書で最初の教育を受けた世代なのですが、両親と同じ年頃の人たちを見ると、どこかに鈴木三重吉や新村出などの優しさや深さに育まれた影響があるのではないかと思うのです。

当用漢字表と現代かなづかい

ところで、これまでの教科書の歴史の中でもっとも大きい「事件」は、なんと言っても、戦後の旧仮名、旧字体廃止です。

新村出は、企画編集中であった本来の書名『廣辭苑』が新字体で『広辞苑』となり、本文が旧仮名遣いから新仮名遣いに変更するという決定を聞かされると、一晩中泣いて、「国語」の表記改変を憾《うら》んだと伝えられています。

昭和二十一（一九四六）年十一月十六日、内閣総理大臣吉田茂《よしだしげる》によって、「当用漢字表の実施」（内閣訓令第七号・内閣告示第三十二号）と「現代かなづかいの実施」（内閣訓令第八号・内閣告示第三十三号）が訓令、告示されます。

まず、「当用漢字表」について、少し触れたいと思います。

「当用漢字表」の「当用」は、「当面の必要」という意味で、漱石の『虞美人草』などでも同じ意味で使われています。

つまり「当面の必要」によって、使用を許す漢字の表が「当用漢字表」なのです。

「当用漢字表」の「まえがき」には次のように書かれています。

1　この表は、法令・公用文書・新聞・雑誌および一般社会で、使用する漢字の範囲を示したものである。

1　この表は、今日の国民生活の上で、漢字の制限があまり無理がなく行われることをめやすとして選んだものである。

1　固有名詞については、法規上その他に関係するところが大きいので、別に考えることとした。
1　簡易字体については、現在慣用されているものの中から採用し、これを本体として、参考のため原字をその下に掲げた。
1　字体と音訓との整理については、調査中である。

（句読点は「，」を「、」に改めた）

これは、昭和二十一（一九四六）年十一月五日、「国語審議会会長」を務めていた安倍能成《あべよししげ》によって書かれ、文部大臣・田中耕太郎《たなかこうたろう》に宛て答申されたものです。

当時、日本は、連合国軍の占領政策下にありました。

連合国軍の最高責任者は「連合国軍最高司令官（ＳＣＡＰ）」、あるいは総司令部（ＧＨＱ）、また連合国軍自体は進駐軍などと呼ばれています。具体的には、アメリカ合衆国軍及びイギリス連邦諸国連合軍による日本の「ポツダム宣言」受諾後の占領政策ですが、昭和二十（一九四五）年十月二日から昭和二十七（一九五二）年四月二十八日までのおよそ七年に及ぶ占領下に、太平洋戦争犯罪人の処罰、軍事政策の凍結、民主化、農政及び教育、医療制度の改革などが急激に行われていきます。

その改革のひとつが「国語」の改革だったのですが、「当用漢字表」「現代かなづかい」の内閣告示は、昭和二十一（一九四六）年十一月十六日と、あっという間に行われた改革だったのです。

言い替えれば、「国語」の改革は、連合国軍にとって急務だったのです。

GHQの方針

昭和二十一（一九四六）年十一月三日は、みなさんご存じのように「日本国憲法」が公布された日です。

連合国軍は、日本国憲法を「当用漢字表」「現代かなづかい」で書かせたかったのではないかと思われます。しかし、それには国語審議会の意見調整が間に合いませんでした。

GHQとともにアメリカから派遣された「米国教育使節団」との折衝において、「当用漢字表」「現代かなづかい」を決めるまでに、非常に大きな混乱があったのも理由のひとつです。

ただ、これは、日本側だけの問題ではありませんでした。

GHQの内部に置かれた「民間情報教育局（Civil Information and Education Section、略称CIE）」内部でも非常に大きな対立が起こっていたのです。

それは、米軍士官ロバート・K・ホール（Robert K. Hall）と、マッカーサー連合国軍総司令官及びドナルド・R・ニューゼント（Donald R. Nugent）中佐の間で起こった問題です。

ホールは、日本語の漢字、仮名をすべてローマ字化してしまうべきだと強く主張します。

それに対して、マッカーサーは、これを時期尚早だとし、またそれはGHQの任務ではなく日本人が決める問題だとしたのです。

ただ、国内にもローマ字化を推進する人たちもありました。

幕末から明治初期にかけてヨーロッパ、アメリカ合衆国に留学した人たちは、漢字を学ぶ時間の「無駄」を殊更に言い立てて、アルファベットの表記を日本語に採用しようとしました。

その感化は、彼らの孫の代まで及びます。

つまり、昭和二十年頃の官僚の世代です。

漢字を捨て、仮名も捨て、日本語をローマ字で書くようにしてしまうことの有用性を私はまったく感じません。「ローマ字でも書ける」という環境だけ用意しておけばいいのではないかと思うのです。

無責任なことを言う人は、どこにでも、いつの時代にもいるものです。

『小僧の神様』『城の崎にて』『暗夜行路』などで知られる志賀直哉は、日本語を止めて、世界で一番美しい言葉と言われているフランス語にしてしまえなどという乱暴な発言をしたりもしています。

山本有三と安藤正次

さて、GHQ内部での日本語改革についての議論、国内での有識者による新しい日本語への摸索が行われる中、国語審議会会長の安倍能成が提出した「当用漢字表」と「現代かなづかいの実施」は、じつは、すでに昭和十七（一九四二）年の国語審議会の審議を受けたものとほとんど変わりがないものでした。

これを推したのは、『真実一路』『路傍の石』などで知られる作家で、政治家になった山本《やまもと》有三《ゆうぞう》です。

山本有三は、「ミタカ国語研究所」を創設し、振り仮名廃止、新憲法の口語化を推進していきます。ここで所長を務めたのは、安藤正次《あんどうまさつぐ》という国語学者でした。

安藤は、言います。

ことばや文字がむずかしいために、義務教育を終えたものでも、新聞雑誌の論説はよく読めない。これでは、一国の文化は一方に偏在するばかりで、国語国字の特権階級と

> もいうべきものができあがるわけである。新しい民主日本の建設に当って、われわれは、一般民衆の教養を高める意味において、まずこの障害をとりのぞかなければならない。われわれは、平明なことば、簡易な文字で、文化の水準を引き上げてゆくことにつとめなければならない。
> （『国語国字問題を説く』大阪教育図書株式会社、一九四八年）

安藤がいう「国語国字の特権階級」とは、昭和二十年八月十五日正午にラジオを通じて流された「終戦の詔勅」（いわゆる「玉音放送」）を含めての言葉だったことは言うまでもありません。

「朕深ク世界ノ大勢ト帝國ノ現状トニ鑑ミ非常ノ措置ヲ以テ時局ヲ収拾《しゅうしゅう》セムト欲シ茲《ここ》ニ忠良ナル爾《なんじ》臣民ニ告《つ》ク……」で始まる「終戦の詔勅」は、国民の心に「敗戦」という内容で届いたとしても、具体的に何を言っているのかまったく理解できるものではありませんでした。

古典落語「妾馬《めかうま》」（別題「八五郎出世」）で、殿様の言うことが、まったく理解できない町人の会話のように、天皇の言葉と、庶民の言葉は、まったく別世界の「日本語」だったのです。

ある意味「一国の文化は一方に偏在するばかり」であったからこそ、太平洋戦争は起こったのだということも言えるでしょう。

そのための改革として、「現代かなづかい」と「当用漢字表」の国民的共有をしないといけないと安藤は訴えたのです。

民主主義という言葉のもとで

「民主主義」という言葉ほど、戦後の日本を大きく動かしたスローガンはありません。

戦前「天皇陛下」という言葉で、日本人が一斉に戦争への道を歩き始めたのと同じように、戦後は、「民主主義」と言えばすべてが許されるようになってしまいます。今もそれはあまり変わっていないのではないかと思います。

これまでの歴史を見ても、日本人は、煽動《せんどう》する言葉によって動かされていくところがあります。幕末の「尊皇攘夷」だってそうでしょう。徳川家を仰ぐ「幕藩体制」「士農工商」「忠義」「義理」だってそうだと思います。言葉がひとり歩きして、それが大義名分になってしまう。

安藤の発言に見える「新しい民主日本の建設」は、戦後日本で、金科玉条として使われた言葉でした。

「新しい民主日本の建設」のための「現代かなづかい」「当用漢字表」であるとすれば、これを拒む力は、どこにもなかったのです。

ただ、「現代かなづかい」「当用漢字表」は、すでに昭和十七年の国語審議会の答申以降、ほとんど何も議論がなされないまま放置されたものでした。

戦争による混乱で、国語審議会を継続できなかったという理由もあるかもしれません。ただ、日本語の改革案として、「現代かなづかい」は、明治時代の「言文一致」運動をようやく実現する絶好の機会だと考えられたこと、また、それ以上の改革を行ってしまえば、年代の差によって、日本語による文化の継承に大きな問題が起きるということがわかっていたからではないかと思われます。

安倍能成は、「新しい民主日本の建設」のための「現代かなづかい」「当用漢字表」という大義名分を付けて、これをＧＨＱに提出し、大きな改革をしたように見せたのではなかったかと考えられます。

教科書の変貌と仮名

さて、「旧かなづかい」を「現代かなづかい」にすることは、仮名の使い方を「発音通り」にするという目的に根ざしたものでした。

これは、明治以来、言語学者の上田万年など「表音派」と呼ばれる人たちが文部省、東京帝国大学の国語研究室などで目指してやってきたことです。そのうちのひとりに、小説家でありまた劇作家としても知られる坪内逍遥もいます。

たとえば、心に感じる「あ」「ん」などを仮名文字として発明するためには、伝統的な仮名を踏襲するだけではきっと不可能でしょう。どうやって、自分の考えを自分の言葉として説明できるかという問題、つまり2章で挙げた「リアリズム」ということとも深く関わる問題です。

ところで、明治三十三（一九〇〇）年に出された坪内雄蔵《ゆうぞう》（逍遥《しょうよう》）『国語読本　尋常小学校用』（巻二、第七課）を少し見てみたいと思います。

だい七
ケ｜フ　ハ、　テンチョーセツデ　ゴザイマス。オハナサン、オイハヒ　ノ　ショーカ
ヲ　ウタヒマセ｜ウ。

これは、小学校二年生で習う文章なのですが、「ケ｜フ」「セ｜ウ」という今ではまったく見られない短い棒を右脇に添えた書き方が使われています。

また、「天長節」を「テンチョーセツ」、また「唱歌」を「ショーカ」などは、今でも我々

が使う「棒引き」と呼ばれる記号です。

どちらも現在では「きょう」「しょう」「ちょう」「しょう」と書かれるもので、発音の区別はありません。

坪内逍遥の時代にも、発音の区別はまったくありませんが、伝統的な「字音」に基づいた旧かなづかいを、「表音」式のかなづかいにしようと苦心して作ったのが「ケ－フ」「セ－ウ」、「テンチョ－セツ」「ショ－カ」などの記号による表記だったのです。

現代の日本語は誰が創ったか

さて、坪内逍遥はシェークスピア全集の翻訳を含め、現代の演劇に関わる業績を多く残した人です。

代表作『当世書生気質《かたぎ》』（一八八五〜八六年）などを見ても、「話すように書く」という点では、他の小説よりはるかに秀でています。

そういう意味では「小説」の域を超えて、すでに「演劇」となることを目指して書かれたような文章だと言っても過言ではありませんし、だとすれば、坪内逍遥が小説や翻訳に使った言葉こそ、東京方言を共通語にする基礎になったものだったとも言えるのではないでしょうか。

ところで、坪内逍遥の「言葉」は、大正から昭和の初期の話し言葉を作り出していきますが、現代の日本語、言い替えれば現在百歳になるくらいの人から、言葉を理解して話を始める五歳、六歳くらいの子どもまでの日本語は、およそ昭和四十年代から五十年代の人たちによって作られたものです。つまり一九六〇年代に高校、大学にいた時代の人たちです。「赤いスイートピー」などの大ヒット曲で知られる松田聖子さんの歌詞を書いた松本隆、コピーライターの糸井重里、作家の村上龍、村上春樹などの世代です。

彼らは、志賀直哉、山本有三の世代を親の世代に持った人です。

言葉は、糸を撚《よ》るようにして伝えられて行きますが、均質的・等質的に次の世代に伝えられるものではありません。不思議なことに、ある世代の人たちが、一気に新しい言語文化を創り出し、その影響を受けて他がなびくような姿で変化して行きます。

さて、次の世代の日本語を作っていく人たちは、だれなのでしょうか。お笑い芸人？　ラッパー？　もしかしたらこうした人たちが、新しい日本語を作っていくのかもしれません。

デジタルのテキストについて

技術は進歩して行きます。

石器時代からの人類の進歩を辿れば、それは明らかです。レオナルド・ダ・ヴィンチはヘリコプターを描くことはできましたが、じっさいに空を飛ぶことはできませんでした。

我々現代人は、飛行機で移動することができます。

教科書を、デジタル化することの是非を問う議論があります。どれだけ、だれがダメだと言っても、この流れは阻止できないでしょう。

もし、テキストがデジタルだけになったとしたら、我々は、多様性をさらに喪っていくことになるだろうと思われます。

教科書に限りませんが、デジタル化された「テキスト」の怖いところを指摘したいと思います。

まず、テキストのデジタル化を、私は、価値観の平板化だと考えています。

古代から中世、近世、近代、現代へという歴史の変遷は、すなわち思想、あるいは人の考え方の変化によるものです。

たとえば、我々は現在、デジタルによる一秒の狂いもない「世界時」をもとに、「生活」しています。もし、これが狂えば、コンピューターはエラーを起こし、株式市場は混乱し、交通は麻痺してしまいます。

つまり、デジタル制御された「世界時」は、「現代人の生活」には、不可欠の物差しとして、無意識に我々の人生観を支配しているのです。

みんなが、一年先、二年先、三年先までの予定を書き込むアジェンダ（予定表）を持っているのは、まさにその現れでしょう。

アジェンダが、大々的に日本の文具店に売り出され始めたのは、一九八〇年代になってからです。それまで、家にカレンダーは貼ってあっても、個人的なアジェンダを持っている人はほとんどいなかったと思います。

東京裁判で尋問を受けた東条英機が、「予定表が手もとにないから、その質問には答えられない」と言って、「東条は、そんなものを持って行動していたのか！」と、裁判所内のみんなが驚きの声を挙げたという逸話が残っています。

現代人の口癖「忙しい」は、あまりに時間的な制約を受けていることによるのではないでしょうか。

それでは、日本人が「時間」を意識したのは、いつだったのでしょう。

宣教教フランシスコ・ザビエル（一五〇六～一五五二）が日本に来た時からです。

一五五一年四月、ザビエルは、天皇に捧呈《ほうてい》するためにと言って、大内義隆《おおうちよしたか》に西洋式機械時計を献上します。

以来、刻々と、「世界時」が日本の歴史を呑みこんでいくことになるのです。

私は、時間の意識という点から言えば、ここで「中世」が終わりを告げたと考えています。中世とは、政治にまったく「時間的制約」がなく、さまざまな思考や思想が無時間的に飛躍する時代です。

中世の人は、耳を傾ければ、亡くなった古代人の息遣いもすぐそばに感じることができたに違いありません。しかし、一旦「時間」という物差しが持ち込まれると、「昔々に死んだ人が、今、いるはずない」ということになってしまいます。

デジタル化されたテキストには、同じような物差しが、持ち込まれてきます。

テキストというのは、もともと揺れ動く性質を持っています。

聖書にしても仏教経典にしても儒教の経書《けいしょ》にしても、注釈によってテキストの解釈は揺れ動きます。もちろん、本文もその系統によって揺れ動いていきます。

「絶対に正しい」テキストはなく、原作者の原稿が残っていても、揺れ動いていきます。

森鷗外の『舞姫』も、川端康成の『雪国』にしても、何を本当に最終的に正しい「テキスト」と判断していいのか、誰にもわかりません。

ところが、デジタルは、そうした「揺れ」を認めることができない世界を、我々に押しつけてきます。

「記憶力」と「連想力」の衰退

デジタル化されたテキストは、「世界時」にそっくりです。

あらゆるテキスト（本、新聞、雑誌、日記など）が、デジタル化され、我々はそれを「検索」することができるようになりました（日本の国会図書館は、世界に比べれば非常にデジタル化が遅れていますが）。

とっても便利になりました。

でも、「便利さ」は、デジタル化されていなかった時代にあった「記憶」と「連想」の世界からの分断をもたらすに違いありません。

「典拠、出典を正確に挙げろ」という窮屈な世界がやってきます。

ネットで探せば、なんでも出てくるという「幻想」は、すでに始まっています。

なんでも出てきますが、それが本当なのか嘘なのか、わからないものがたくさんあるのです。次の時代には、「出典」「典拠」によって、「てきとうに書いたもの」に是非が課され嘘《うそ》やでまかせに書いたものは、排除されていくに違いありません。

『ちびくろサンボ』に対する「差別」意識、『白雪姫』の原作に対する「残虐性」への嫌悪……多様性を認めない世界がたどり着く先には、さて、何が待っているのでしょうか。

それを考えると、私は、怖くなってしまいます。

デジタルの教科書は、便利です。

小学一年生から中学三年生までの全教科の教科書を串刺し検索して、使われる語彙のレベルの測定などができるようにもなるでしょう。

ですが、「検索可能」という環境は、「記憶」をする必要がないという状況を生み出すでしょう。「ネットで探せば、何でも出てくる」のと同じです。

そうすると、「記憶」と「記憶」を結びつけて、「連想」するという働きも弱くなって来ます。

電子辞書を使うと、ターゲットにした言葉の意味は一瞬で引けてわかりますが、その前後にある言葉に、ふと眼がいくことはなくなります。

我々は、連想によって言葉を派生させ、語彙を増加させてきました。

現代人の語彙の減少が問題になっていますが、電子辞書の影響もあると思われます。言葉についての意識がどんどん低下しているのです。

デジタル化された教科書は、それをさらに進めていくことになるでしょう。

そして、画一化された価値観、記憶と連想の低下は、さらに多様性の容認を拒む精神を創り出していくのではないでしょうか。

それは、孤立化、個別化から、さらに格差を増長させることになるのではないかと考えられます。

デジタル化されることによる問題について、もう少しだけ触れておきましょう。

「ネットでターゲットを探す」ということとも関わりますが、「あ」「ん」などの一文字だけでの検索には適さないという点です。

検索を行うためのプログラムコード、あるいは文字列を介在しての検索など、方法はもちろんありますが、そのためにもやはり「連想力」が必要です。

電子化されることの便利性と不便な点、そこをよく知って、両方を使いこなす力を磨くことはとても大切なことだと思います。

文法を知るメリット

現在、英語の授業では、文法をあまり重要視しなくなってきました。

「文法」を教えると、英語が難しく感じて、英語嫌いになる傾向があるからだという話を聞いたことがあります。

日本語でも同じでしょう。「文法」と聞くと、「難しい、面倒くさい、文法なんか知らなくても、話せるし、読めるし、困らない」という答えが返ってきます。

なるほど、そうかもしれません。

でも、文法は、理解力を高めるためには、やっぱり役に立ちます。

古語で、「山に落つる日昇る」と「山に落つ日昇る」と書いてある文章があったとします。

どんなふうに、区別して理解できますか？

「落つる」は「落つ」の連体形です。「連体形」とは「体言（名詞）と繋がる」ための動詞の活用なので「日」に掛かります。

「山に落つる日昇る」は、「山に落ちたお日さまが、（再び）昇って来る」という意味になります。

これに対して、「落つ」は、終止形です。ですから、現代語にするためには、「山に落つ。日昇る」と「。」を入れなければなりません。解釈は「（お日さまは）山に落ちた。（またきっとお日さまは）昇るだろう」となります。

現代語では、それぞれ「山に落ちた日が昇る」、「日は山に落ちた。日はまた昇る」と書き分けられますが、古典を訳すには、文法を知っていると、正確に意味を摑まえることができるでしょう。

でも、文法が大切なのは、古典に限ったことではありません。

いわゆる「ら抜き」と言われるものがあります。

「梨は食べられない」と「梨は食べれない」

「私は、（アレルギーがあるので）梨は食べることができません」と言い替えることもできますが、どちらが正しい言い方でしょうか？

「梨は食べられない」の方です。可能の表現です。

「社長は、食べられますか？」は、どういう意味でしょうか。

この文章には、二つの意味があります。

ひとつは、「社長はお召し上がりになりますか？」で、尊敬表現です。

もうひとつは「社長は食べることができますか？」で可能の表現です。

言い替えの方法を知っていれば「ら抜き」表現を回避できますが、文法的に正しい言い方を知っていると、恥ずかしい思いをすることがなくていいでしょう。

現実的には、文法を知るより、言い回しをたくさん知っている方が、いいのかもしれません。

音読の重要性

言い回し、言い替えが自在にできると、説明力が増します。

国語の教育で、どうして、子どもたちに説明をする力を付けようとしないのか、不思議で仕方がありません。

説明力がなければ、人を納得させることができません。人を納得させる力がないと、自分に自信がなくなってしまいます。そして、自分に自信がないと、つい受け身になってしまって、極端なことを言えば、生きるのが辛くなってしまいます。

もっと、みんなが、言いたいことをどんどん言い合って、素晴らしい未来を作るためにも説明力を付ける授業が必要なのではないかと思うのです。

説明力を付けるためにも、音読は、欠かすことができません。

ふつう、小学校一年生では音読の授業がありますが、学年が上がって高学年になると、ほとんど音読を止めてしまうのではないでしょうか。

小説でも、対談でも、講演録でも、できれば毎日一〇分でいいので、音読する時間を確保してほしいと思います。

まず、滑舌がよくなります。人にわかる発声発音で話し方をすることは、日常生活でもとても大切なことです。

それから、語彙力が増加します。

「やば」「神！」「かわいい」だけで一日の生活が事足りるという人も少なくありませんが、それはあまりに残念です。もっと多くの言葉を使って、人と話したり、手紙を書いたりすれば、人生はもっと豊かになるのではないでしょうか。
また、語彙力が増加すると、細かなこともわかりやすく説明する力が付いてきます。文豪や著名な作家の小説や対談、講演を音読すると、彼らの言葉使い、説明力が、自然と身に付きます。

「国語」という教科がなかった江戸時代まで、日本語を支えたのは、奈良時代から続く「音読」による「国語」の伝承です。

音楽が人の心に大きな影響を与えるのと同様、言葉の並びによって創られる言語のリズムは人を創ることと無関係ではありません。

英語力を付けたいと思えば、英語のシャドーイング（英語を聞き、真似して発音する）が欠かせないのと同じです。国語力、説明力、表現力を付けるためには、音読は不可欠です。

「国語」の授業の基本は、自分の思っていること、考えていること、表現したいことを、自由に、自在に、日本語で言い表し、書き表せるようになることではないのでしょうか。

明治時代半ばから明治末期まで、末松謙澄《すえまつけんちょう》、坪内逍遥、小山内薫《おさないかおる》などによってわが国では「演劇」を近代化する大きな運動がありました。

それは、型通りの言葉による古典芸能ではなく、言葉と仕草、つまり身体全体を使って他人に自分の考えを伝えるためにはどうすればいいかという「リアリズム」への挑戦でした。

音読とは、ただ、声に出して本を読むということを越えて、自分の思いを人に伝えるための言葉を育むための訓練だと思います。

そうした練習をするなかで、書かれた言葉を超える「あ」「ん」などの「音」の欲求、要求が出てくるのではないかと思うのです。

4章 濁音の不思議

「五十音図」という奇跡

「五十音図」とは、奇跡の魔方陣《まほうじん》です。

自国語の発音体系を母音と子音に分けて、きれいに書き分けた音図がある「国語」を持った国は、世界のどこにもありません。

「五十音図」があれば、英語もフランス語も中国語も書き表すような気がしませんか?

たとえば、「output」という英語はそのままの音を再現するように「アウトプット」と書くことができます。

フランス語の「bonjour」も「ボンジュール」、中国語の「電脳」も「ディェン・ナオ」と、オリジナルの言語の発音をそのままそっくりとはいきませんが、「ある程度」書き表すことができます。

それどころか、すでに1章で触れましたが、鳥や猫など動物の鳴き声、雨の降る音やその状態まで書きあらわすことができます。

たとえば、河の流れを「さらさら」というのか濁音を使って「ざぶざぶ」と書くのかだけで、印象はまったく異なります。

「さ」と「ざ」の違いがこんなに明瞭に、異なる語感の印象として表現される言語は、日本語以外にありません。

こうした日本語独自の言語能力は、無意識にであっても、日本語を母国語としている人が母音と子音を聞き分け、書き分けることを知って、それを古代から、ずっと継承しているからに他なりません。

そして、その「音」と「文字」の対照、つまりその母音と子音の聞き分け、書き分けは、「五十音図」という機能的に図式化された日本語の音韻体系に裏打ちされたものであるのは言うまでもないことです。

英語もフランス語もドイツ語も、アルファベットの並びはありますが、これは発音の体系に従って並んだものではありません。

中国語の場合は、アルファベット化された発音記号（現在の拼音《ピンイン》記号など）がなければ、母音だけを抽出して発音を表すということはできません。

中国では、すでに隋の六〇一年には、当時の首都・大興（唐の長安、現在の西安）で漢字の発音をほぼ完璧に再現することができる『切韻』という発音辞書が作られています。

ですが、中国語は、表音記号としても表語記号としても漢字を共有して使います。表音記号としての漢字の利用は、アルファベットほどに正確ではありません。ローマ字を使った国際音声記号（ＩＰＡ）のような表音化した客観的記号として、視覚化してそれを伝えることができないのです。

たとえば、「蝶」という漢字の読み方については、2章で『切韻』には、「徒協反」と書かれていると記しました。

あまりに専門的、微細なことなのですが、この漢字の組み合わせによって「蝶」という漢字をＩＰＡで再現すると、tiep となってしまいます。

ところが、じつは、「ie」の部分は、精確には、「iɜ」という、「ie」よりもう少しだけ母音が開いた音だと推定されます。

この「iɜ」の部分を、中国語の発音の研究を行う中国音韻学の専門用語では、「介音」あるいは「渡り音」と呼びますが、こういう音が中間にあるとわかったのは、フランスやスウェーデン、そして日本の古代中国音韻学者が、『切韻』以外の膨大な資料を使って、これをアルファベット化し、視覚的に当時の発音を復元することに成功したからなのです。

中国語にも、古代から「母音」と「子音」はあります。

ですが、「母音」「子音」を区別して考えることができるようになったのは、アルファベット化された発音記号が、共通語（中国語では「普通話」）の必要から教育に使われるようになった一九〇〇年代初頭以降のことで、そんなに古いことではありません。

そういう意味でも、母音と子音を縦横に配置した「五十音図」という図式は、偉大な言語学上の発見だったのです。

「五十音図」にも「いろは歌」にも濁音はない

日本人が昔から「母音」と「子音」を意識的に区別していたわけではありません。「母音」「子音」などを意識するようになるのは、地域的、身分的方言をなくし、「共通語」としての「日本語」が必要になった明治時代以降のことです。

この「母音」と「子音」の意識を日本人に植え付けたのが、明治政府が小学校教育の基本として使った「五十音図」です。

そういう理由からでしょうか、多くの人が「五十音図は、明治時代に作られた」と思っているようです。

多くの日本人が「母音」と「子音」を意識して「発音」に注意をするようになったのは明

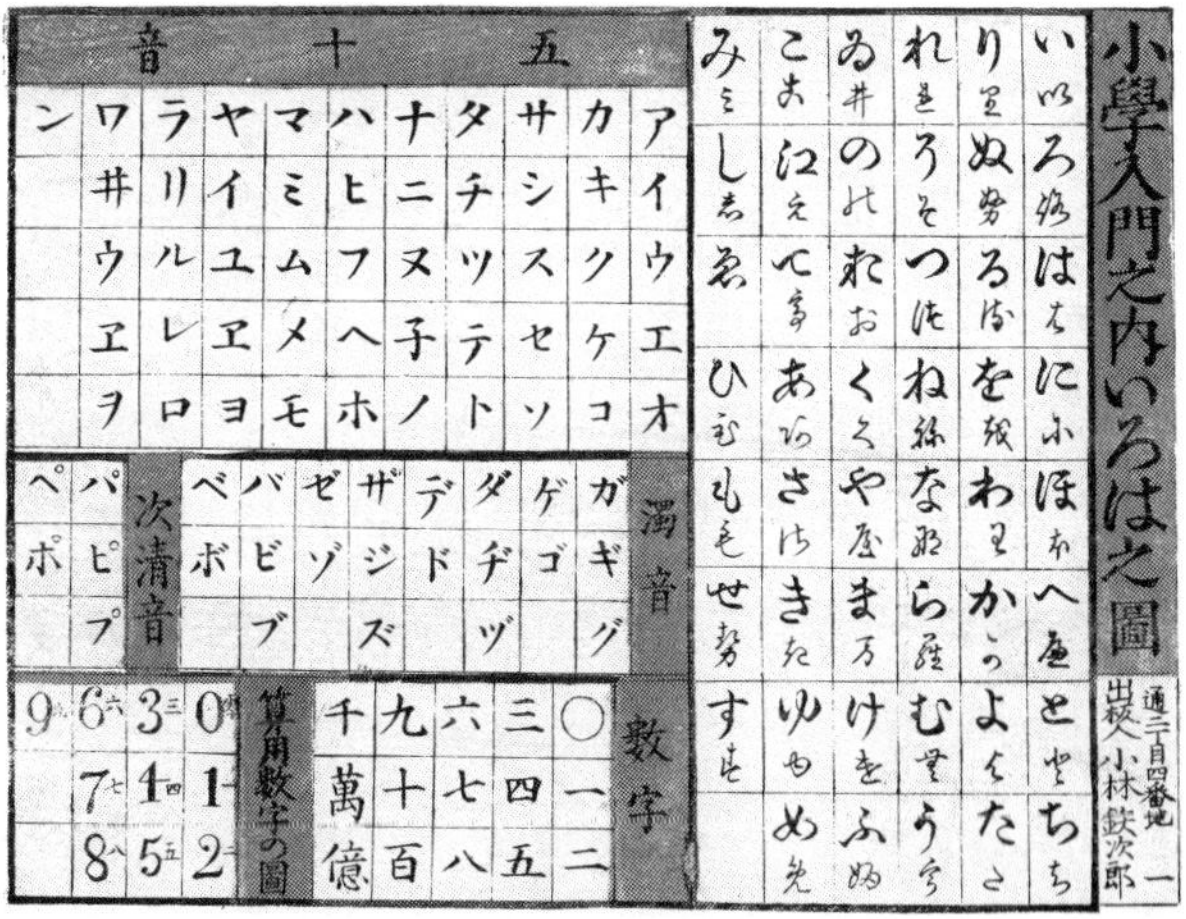

『小学入門解』（国立教育政策研究所教育図書館所蔵）

治時代以降ですが、五十音図はそれよりはるか八〇〇年ほど前、つまり平安時代後期一一〇〇年頃に創られたものです。

「五十音図」が創られた目的は、明確です。

人が間違った発音をしないようにするため、言い替えれば「正しい発音」をするため、そしてそれを広く日本全体に、また後世に伝えていくためです。

ただ、それは「日本語の正しい発音」を目的とするものではありませんでした。漢字で書かれた仏教経典を正しく発音して読むことを目的としたものでした。

そうは言っても、仏教の経典の原点は、インドのサンスクリット語で書かれたものです。漢訳仏典は、本来、サンスクリット語で書かれたものを、漢字を使って訳したものです。

母音と子音を分けて発音を表記すれば、漢文の漢字の発音だけでなく、サンスクリット語も「日本語」の仮名で書き表すことができるのではないかと考えて創られたのが、「五十音図」だったのです。

もちろん、「五十音図」は、全世界の言語の発音を文字で表すことができる「完璧な魔方陣」ではありません。明覚が作った五十音図には本書で注目している「あいうえお」はもちろん、「がぎぐげご」「ぱぴぷぺぽ」などの濁点、半濁点の音を表す記号がついたものはありません。

なぜ、「五十音図」や「いろは歌」にはもちろん、〈ひらがな〉や〈カタカナ〉に、そもそも濁音を書くための固有の仮名が発明されなかったのか、こうしたことについても本章では記しておきたいと思います。

日本語はどこから来たのか

ところで、日本語のルーツは、どこにあるのでしょう。この疑問は、日本語を話す日本人はどこから来たのかと言い替えてもいいかもしれません。

我々は、いったいどこからやってきたのでしょう。

国語学者の大野《おおの》晋《すすむ》（一九一九～二〇〇八）は、インド南部のタミル語やドラヴィダ語との関係があると言って、一九八〇年代に世間を沸かせたことがありました。

それ以前から、百済《くだら》語や朝鮮語、北方ツングース系、ウラル系、アルタイ語系の言語との関係など、さまざま論じられてきましたが、はっきりしたことはまったくわかっていません。

一万七〇〇〇年前の日本列島の復元地図を見ると、現在の日本海が、まるで南ヨーロッパとアフリカの間にある地中海のようになっています。

このように、日本列島が、南北に大陸と連なった地形であったとするならば、南北から多くの人が往来して、日本語の祖語《そご》が形成されたということも容易に推測できるでしょう。

一万年前の東アジアの言語状況の復元は難しいかもしれませんが、中国語はAIの技術を使えば、少なくとも紀元前五〇〇年頃、つまり孔子の時代までは遡れるのではないかと思われます。

また、同じく、AIを使って、七世紀頃までのサンスクリット語、トルコ語、モンゴル語、朝鮮半島の言語、満洲語、日本語の漢字での借音《しゃくおん》を照合していけば、かなり精確に当時の日本語の基礎語や音価《おんか》なども復元できるのではないかと考えています。

これまでのアルファベットによる視覚化だけでは見えてこなかった複雑な音韻体系も、AIの技術を利用すれば、さらに細かな部分が判明するのは確かです。

筆者は、石川県加賀市の山代温泉観光協会などと一緒に、今後、こうした研究を進めていく準備をしています。

加賀市で作られた「五十音図」

なぜ、石川県加賀市の山代温泉観光協会と、日本語のルーツや古代日本語の研究を行うのかということについてお話をしたいと思います。

それは、「五十音図」が山代温泉で創られたからです。

今、山代温泉には、薬王院温泉寺という真言宗の寺院があります。

一一〇〇年頃の加賀温泉寺は、比叡山天台宗の所轄で、敷地は現在に比べて比較にならないほど広く、たくさんの僧坊があったと考えられますが、その温泉寺の住職・明覚(一〇五六〜没年不詳)こそ、五十音図を創った人だったのです。

明覚については、後で詳述しますが、加賀市というところが非常に興味深いため、まずそのことについてお話をしたいと思います。

一万七〇〇〇年前の日本が大陸と南北で繫がっていたと書きましたが、それから五〇〇〇年後、海が南北に通じると、今の日本海が現れます。

そして、東シナ海から北上する対馬海流に乗る航路ができあがるのです。

江戸時代から明治時代まで日本海を航行して北海道まで海運業を行った「北前船」はよく

薬王院温泉寺の山門前に、明覚の反音作法のモニュメントがある（山城温泉観光協会提供）

知られていますが、「北前」とは、京都から見て北方、また中国、朝鮮半島に向けて「前」に開けた地域という意味です。

今は、日本の政治経済文化がアメリカ合衆国に向けられているので、太平洋側が「前」になっていますが、隋唐宋元明清の王朝から政治制度や文化を受け入れていた時代は、日本海側が「前」だったのです。

そういう意味でも、北「前」船の本拠地である現在の加賀市と金沢市南部は、重要な貿易港の役割を果たしていたのです。

江戸時代、加賀市には、五〇人にも上る船主があり、とくに「加賀四大船主」と呼ばれる久《く》保《ぼ》（田《た》）彦兵衛《ひこべえ》、西出孫左衛門《にしでまござえもん》、広海二三郎《ひろうみにさぶろう》、大家七平《おおやしちへい》という人たちは江戸時代から明治時代に掛けて莫大な財産を築いたと言われています。

大坂から船出する北前船は、瀬戸内海を経て、下関から日本海に出ると、北上して北海道小樽、函館まで、多くの港を経由しながら遡ります。

北前船が、さまざまな地方の物産、文化の交流に果たした役割は計り知れません。

おそらく、北前船が発達する以前から、中国大陸、朝鮮半島を含めて、日本海側には大きな「海の道」が拓けていたのではないかと考えられるのです。

濁音専用表記の仮名はない

さて、みなさんは「゛」と「゜」の記号を不思議に思ったことはありませんか?

たとえば「か」と「が」、「さ」と「ざ」、「た」と「だ」、「は」に対しては「ば」と「ぱ」など、発音に違いがあるのですから、それぞれ別の仮名を作ればよかったのではないでしょうか。

発音をアルファベットの子音で表すなら、「k」に対して「g」、「s」に対して「z」、「t」に対して「d」、「h」に対して「b」「p」という文字があります。

どうして、仮名でも「か」に対して「が」にあたる専用の文字を作らなかったのでしょうか。

『古事記』『日本書紀』『万葉集』では、「か」は「加」、「が」は「賀」などと、清音と濁音を漢字で書き分けています。

「加」の草書体の仮名（「草仮名」と呼びます）が〈ひらがな〉の「か」を作り出したとすれば、「賀」の草書体が「」と書くような〈ひらがな〉になっても不思議はなかったはずです。

これは、まだ解明されていない日本語の謎のひとつです。

ただ濁音の仮名が不必要だとする価値規準が大勢を占めていたことは確かでしょう。

〈カタカナ〉が作られたのはおよそ八二〇年頃、〈ひらがな〉が作られたのは、九〇〇年頃です。

およそ八〇〇年から九〇〇年の一〇〇年の間に、日本は、それまでの漢字への依存を断ち切って、仮名という日本独自の文字を生むことに成功したのでした。

当時の知識人で、仮名の発達に貢献した人を挙げてみましょう。

最澄《さいちょう》（七六七～八二二）
空海《くうかい》（七七四～八三五）
在原業平（八二五～八八〇）
菅原道真（八四五～九〇三）

紀貫之（八七二頃〜九四五頃）

もちろん、政治的な面から言えば、藤原家の基経《もとつね》（八三六〜八九一）とその子である時平《ときひら》（八七一〜九〇九）を忘れることはできません。

さらに、第五十二代嵯峨《さが》天皇から（以下順に、淳和《じゅんな》天皇、仁明《にんみょう》天皇、文徳《もんとく》天皇、清和《せいわ》天皇、陽成《ようぜい》天皇、光孝《こうこう》天皇、宇多《うだ》天皇）第六十代醍醐《だいご》天皇の治政、外交の関係もあるでしょう。

この一〇〇年の間に、日本語に対する意識と変革が行われ、右に挙げた人たちが、それを推進していったのです。

仮名の発明

仮名の発明は、一言で言えば、当時の「言文一致運動」だったと言えるでしょう。

すでに1章でも触れましたが、言語はおよそ一〇〇年単位で変化していきます。言い替えれば、ある時代の最も新しい文体で書かれたものは、一〇〇年後の人がぎりぎり読める文章になるということです。

二〇二〇年代初頭にいる我々にとって、一九二〇年代前半頃までに書かれた小説、夏目漱石、芥川龍之介、志賀直哉、武者小路実篤などは読めますが、それ以前の明治文学である尾崎紅葉、幸田露伴、森鷗外、島崎藤村などはすでに読むのが難しく感じるのではないでしょうか。

このことは、平安時代に置き換えて言うことができます。

たとえば、七八五年頃に完成したと考えられる『万葉集』は、一〇〇年後になると読むことができなくなってしまいます。そして九五一年、村上《むらかみ》天皇が、源　順《みなもとのしたごう》（九一一～九八三）らに『万葉集』の解読を命じるのです。

つまり、『万葉集』編纂から一五〇年以上を経てしまうと、専門の学者がいなければ読めないものになっていたということを表すのです。

一〇〇年経って読めなくなるということは、言葉の問題であると同時に、価値観の変化ということも言えるでしょう。

第二次世界大戦、あるいは太平洋戦争は、世界史的な意味においても、大きな、価値観の転換期でした。

すでに3章で述べましたが、旧仮名遣いから新仮名遣い、旧漢字の廃止など、日本語の表記という面のみならず、国語科の教科書の内容の大きな変化によって、戦前の人たちの価値観と、戦後生まれの人たちの価値観は、「隔絶」と言っていいほどの状態です。

なお、奈良から平安への遷都の時にも、大きな国語の変化が起こっています。

遷都を先導したのは、桓武《かんむ》天皇（在位七八一〜八〇六）ですが、天皇は、三度にわたって、漢字の読み方を「呉音《ごおん》」から「漢音《かんおん》」にするようにと勅命を出しています。

こう言ってよければ、天皇による「言語統制」が行われたという日本語史上における大事件が起こったのです。

これは、戦後の「当用漢字表」「現代かなづかい」の内閣告示に匹敵するものだったと言って過言ではないでしょう。

また、対外的な面で言えば、六一八年から世界の文化の中心であった唐王朝が、安禄山《あんろくざん》から始まる内乱で、急激に衰退していったことを挙げなければならないでしょう。

〈カタカナ〉〈ひらがな〉が作られた八〇〇年から九〇〇年の間に、それ以前とはまったく異なる価値観が生まれていたのです。

中国の王朝が与えた日本語への影響

それでは、これから、なぜ濁音専用の仮名が作られなかったのかについてお話しします。

まず、呉音と漢音という漢字音の違いについて、触れておきたいと思います。

じつは、奈良時代から平安時代に変わった時に、漢字の読み方に大きな変化が起こったのです。

わが国には同じ漢字に対して複数の読み方をするものがあります。

たとえば、「文」は、「文部科学省」という時は「モン」、「文学」という時には「ブン」と読むようなものです。

「モン」という読み方は、古く中国の南方から伝わった漢字の読み方です。およそ六世紀、中国の歴史でいえば、南北朝という時代に当たります。

当時、中国大陸の北方は、匈奴《きょうど》と呼ばれる異民族に支配され、漢民族は南方に逃避し、「南朝」と呼ばれる王朝交替を繰り返していました。

その中にあったのが「梁《りょう》」という王朝です。

梁の武帝《ぶてい》は、仏教の信仰が厚く、肉食をしたことがなかったと言われますが、仏教寺院や仏教経典の普及が盛んに行われたのです。

さて、梁は、現在の中国の上海から南京など揚子江流域を広く統治していました。

この文化が、対馬海流に乗って、朝鮮半島や日本に到達するのです。

上海は、今でもそうですが、中国では、「呉」の地方と呼ばれます。

梁の武帝の時代の仏教経典は、「呉」の地方の方言で読まれていました。呉音とは、呉の地方で使われていた発音です。奈良時代までの仏教は、ほとんどが梁から朝鮮半島の南部にあった百済を経て日本に入って来たものです。

だから奈良時代までの漢語の読み方は、ほとんど「呉音」で発音されることになっています。

さて、中国の南北に分かれた王朝は、五八一年に隋《ずい》によって統一されます。隋の首都は、大興《だいこう》に置かれます。西安という街は、西へ向かうとすぐにゴビ砂漠になりますが、乾いた所という意味で、「漢」の地方と呼ばれていました。

「呉音」が呉の方言であるのに対して、漢の地方の方言を「漢音」と呼びます。

わが国は、遣隋使、遣唐使を派遣して、とくに唐の文化を学ぶことになります。

そして、その頂点を迎えるのが、空海（七七四～八三五）が唐に入った頃（八〇四～八〇六）に当たります。

空海の入唐は、七九四年に京都への遷都が行われてからまもなくのことでした。

ここで、時代は、大きく変化します。

この遷都と前後して、桓武《かんむ》天皇は勅命を出して「呉音」を禁止し、「漢音」での仏典の読経、漢音による儒教経典の学習を宣布するのです。

桓武天皇の勅命は、「明経之徒、不習正音。発声誦読、既致訛謬。熟習漢音。（明経の徒、正音を習わず。発声誦読、既に訛謬を致す。漢音を熟習せよ）」と書かれています。

「儒教の経典を学ぶ者は、正しい発音を習わないために、発音や読誦《どくしょう》には、すでに間違いがある。漢音に習熟するようにせよ」と言うのです。

また、当時は、儒教とともに仏教が盛んに行われていた時代でした。

仏教を学ぶ僧侶に対しても、桓武天皇は次のような勅令を発しています。

「自今以後、年分度者、非習漢音、勿令得度。(今より以後、年分の度は漢音を習はずんば得度せしむることなかれ)」と言います。

「今年以降、年度分に行う得度《とくど》は、漢音を学んだ者でなければ許さない」という意味です。

「得度」とは、正式に仏道に入ることを許された人を意味しますが、当時「得度」した人は税金を免除されたのです。

そうした特権階級になるためには、漢音を学ばなければならないと、桓武天皇は勅令を出したのです。

呉音と漢音

奈良時代まで呉音で読まれていた言葉、たとえば「文殊《もんじゅ》菩薩」「文部」「文句」などという言葉に使われる「文」は「モン」と読まれ続けます。

ところが、「文学」「文集」「文化」など、唐代に使われる熟語の「文」は「ブン」と読まれるようになるのです。

呉音まであった清音と濁音の対立が、漢音になると曖昧になってしまうと言われていますが、その曖昧さが必ずしも日本語の仮名を作る時に、清音の仮名だけを作った理由にはならないのではないかと考えられます。

呉音と漢音とで異なる発音をする漢字を少し挙げてみます。

	呉音	漢音
神	ジン	シン
大	ダイ	タイ
土	ド	ト
定	ヂャウ（ジョウ）	テイ
直	ヂキ（ジキ）	チョク
行	ギャウ（ギョウ）	コウ
仏	ブツ	フツ

これらは、漢字音の語頭の子音が、呉音では濁音で始まる音だったものが、漢音では清音で発音されるものです。ただ、次のように、呉音では清音だったものが漢音では濁音になっ

ているものもあります。

	呉音	漢音
女	ニョ	ジョ
万	マン	バン
美	ミ	ビ
馬	マ	バ
梅	メ（マイ）	バイ
無	ム	ブ
日	ニチ	ジツ
若	ニャク	ジャク

漢音の音韻体系を調べると、呉音では鼻音で発音されていたものが鼻音の後半部が口音化していることがわかります。たとえば「馬」の発音は、呉音では鼻に抜ける「ンマ（ŋma）」だったのが、漢音では「マバ（mba）」となります。「馬」が「マ」から「バ」となったのはこの鼻音の後半部の口音化した後ろの部分を聞き取って書いたものなのです。

「梅」が「メ（マイ）」から「バイ」へ、「無」が「ム」から「ブ」となったのもこうしたことが理由です。

また、「日本」の国号がローマ字表記で「Japan」、また現代中国語で「ジーベン（拼音記号ではri-ben）」と発音されるのは、漢字「日」が、呉音「ニ」から漢音「ジ」に変わったことが原因です。

中国語を習うと、「r」の音を「巻き舌」にして発音するようにと指導されます。唐代は、まだ現代語ほど「巻き舌」ではなく、「舌端後部歯茎音」程度だっただろうと考えられます。すなわち、呉音では「ニ（ni）」と発音する際、舌先が下の歯の裏に付いていたのが、漢音では、この舌の先が次第に上の歯の歯茎に位置するところまで上がって後部歯茎音となり、「ジ」と聞こえる音になっていったのです。

「若」が「ニャク」から「ジャク」になったのも同じ現象です。

こうした現象から見ても、呉音から漢音への変化が、日本の仮名の創成に大きな影響を与えたのではないことが明らかでしょう。

言葉の変化のタイムラグ

ところで、皆さまの中には、六一八年に成立した唐王朝の発音が、日本の八〇〇年代になって影響を与えたのだとすると、二〇〇年も差があるではないか、とお考えの方も少なくないと思います。

まだ、インターネットもなかった時代、中国からの文化的な影響を受ける速度はとても緩慢でした。

中国で流行したものが、五〇年から一〇〇年後になって日本に影響を与えるくらいの時間的スパンがありました。

たとえば、菅原道真（八四五〜九〇三）も中国の詩人、白居易《はくきょい》（白楽天《はくらくてん》、七七二〜八四六）の影響を受けて漢詩漢文を書いていますが、白楽天の詩文が本当の意味で日本の文化に影響を与えてくるのは、『枕草子』や『源氏物語』が書かれる一〇〇〇年頃のことです。白楽天の活躍から約一五〇年後に大きな影響が表に出たことになります。

同じように、南宋時代に起こった朱子学《しゅし》がありますが、中国の儒学者、朱子（一一三〇〜一二〇〇）の影響は室町時代になってから表面化し、じっさいには江戸時代に入ってから大きな影響が出たといってよいでしょう。

外国からの、大きく深い影響が日本の文化に現れるまでには、一〇〇年、二〇〇年というタイムラグがあったのです。

言葉の変化は、急に起こるものではなく、同時代の人たちにはまったく気がつかないレベルで変化し、変わってしまってから「あ、昔はこんな言い方をしていたのか」というように緩やかに変化をしていくものなのです。

〈カタカナ〉が生まれた背景

さて、〈カタカナ〉が作られた理由をご存じでしょうか。

〈カタカナ〉は、漢文を日本語で読むための補助記号として生まれてきたものです。

漢文を読むためには、日本語の助詞「ニ」「ハ」「ヲ」「ノ」や「コト」「トキ」などの言葉を補う必要がありますが、平安時代およそ九〇〇年頃まで、漢文は基本的に中国語で読誦することが義務づけられていました。

それは、遣唐使で中国に渡った時に、中国語での会話ができるようにするためです。

ただ、この中国語による教育機関が、遷都によって京都に移ってしまうと、奈良の東大寺などでは日本語によって漢文を理解しようとする意識が発達することになります。

現代の英語教育に当てはめて考えてみると、わかりやすいのではないでしょうか。

子どもの頃から英語に親しみ、英語の文章を日本語に訳す必要がないくらい深く読む力があればそれに越したことはありません。

しかし、留学を経て語学力が十分にある人は、それほど多いわけではありません。とくに奈良時代、平安時代は、今以上に中国語の語学力を身に付けている人など非常に少なかったことは明らかです。

漢文で書かれた文章が読めたとしても、その文章に書かれた深意を理解しようとすれば、母国語に依ることがどうしても必要でしょう。

こういうことから、漢文で書かれた原典に、日本語の助詞を表す「送り仮名」や「返り点」を付けて日本語の語順に直す工夫などをして、理解しようとする機運が高まったのです。

当時、日本語の語順にするための返り点は「乎己止点《をことてん》」で書かれていました。

漢字「乎」「己」「止」は、それぞれ〈カタカナ〉の「ヲコト」の万葉仮名での書き方です。

奈良時代からある「大学寮」という教育機関には、唐から来たネイティブの先生が唐の首都で話される「漢音」で中国語を教えていました。

〈ひらがな〉も〈カタカナ〉もない時代ですから、我々現代人のようにネイティブの先生の発音をそのまま書いたりすることはできませんが、すでに万葉仮名はあります。

万葉仮名は、「仮名」とは言うものの実際の表記は「漢字」です。

漢字を使って、本文の発音や、本文を理解するのに必要な注釈を書くことは、すでに古代中国の時代でも行われていました。

中国のネイティブの先生は、日本人の学生たちが万葉仮名で注釈を書くことについては、何も注意しなかったのではないかと思いますが、「乎己止点」を書き入れていく過程で、漢字を簡略化した〈カタカナ〉が生まれてくるのです。

書体の問題

平安時代初期、中国の最先端の文字の書き方は、「草書体」でした。

嵯峨天皇、橘逸勢《たちばなのはやなり》、空海の三人は「三筆」と呼ばれ、当時、書家としてとても有名ですが、中でも空海はズバ抜けて、草書体の巧い人でした。

『三十帖冊子』など、空海が遺したメモを見ると、日本人が書いた書をはるかに凌駕し、唐の人が書いた筆蹟だと言ってもいいほどの自由闊達さに溢れています。

空海の能書家《のうしょか》としての誉れは、唐でも現地の人を驚かすほどだったと言われていますし、留学先の長安では、筆を作る技術まで習得しているのです。

空海の書の素晴らしさは、「楷書」でも「行書」でもありません。

草書体です。

これは、唐代の文人たちが手紙を書いたり、詩作をしたりする時に使っていた書体で、詳しくは「章草体《しょうそうたい》」と呼ばれます。

後代の「草書」が連綿と文字を連ねて書いていくのとは異なり、文字それ自体は簡略化されているにもかかわらず、次の字にそれが繋がらないように、ぽつりぽつりと書かれているものです。

唐王朝がもっとも繁栄した盛唐と呼ばれる時代を創った玄宗《げんそう》皇帝は、学問にも非常に造詣の深い学者で、『孝経《こうきょう》』という書物に自ら注を書き『御注孝経《ぎょちゅうこうきょう》』という書物を著しています。

残念ながら玄宗が書いた自筆の『御注孝経』は伝わりませんでしたが、現在、わが国の宮内庁三の丸尚蔵館には、賀知章《がちしょう》という能書家が書いたとされる、玄宗『御注孝経』の稿本《こうほん》が伝わっています。

賀知章は、玄宗皇帝の側近で、李白《りはく》が玄宗皇帝に仕えていた時は、毎晩のように二人で朝まで飲み歩いていたと言われます。

いってみれば、文化人として当時のトップスターです。こんな人が書く書が流行となるのは、自明のことでしょう。

ただ、わが国にこうした書が伝わるためには、空海のような自由な発想ができる人が不可欠でした。

まじめすぎるいわゆるエリート官僚は、せっかく留学しても、それ以前の六朝風《りくちょうふう》の「ガキガキ」して偉そうに見えるような字を四角四面に書くことに固執していたのです。

〈カタカナ〉は、奈良時代末期の東大寺で作られたと考えて、ほぼ間違いありません。

奈良は、平安京の遷都によって、中国から来たネイティブの先生がいなくなり、残された日本人だけで、主に仏教の経典を深く内面的に理解していく空気に包まれていきます。

聖武《しょうむ》天皇や孝謙《こうけん》天皇（重祚《ちょうそ》して称徳《しょうとく》天皇）などが書いた書は、六朝風の固い書体ですが、奈良時代、平安時代の写経の字は、すべて章草体で書かれています。

遣唐使として唐に渡っていた空海が帰朝したのは八〇六年ですが、京都に入ることが許されたのは八〇九年以降です。

大同四（八〇九）年九月、平城《へいぜい》上皇が平安京を廃して、再び平城京へ都を遷そうとした「薬子《くすこ》の変（あるいは『平城太上天皇の変』とも）」を鎮めるために、嵯峨天皇は空海を招聘します。

ここから空海の活躍が始まるのですが、もし、再び奈良に遷都されていたとしたら、あるいは奈良で始まる〈カタカナ〉の発達や、空海や嵯峨天皇、橘逸勢らによる京都を中心にした〈ひらがな〉の発達はなかったかもしれません。

〈カタカナ〉は、奈良にあった古い中国六朝の文化から生まれたものです。一方、〈ひらがな〉は、空海が唐から持ち帰った新しい草書体（章草体）から生まれて来たものなのです。

アクセントによって区別される同音異義語

さて、「゛」と「゜」についてお話を進めたいと思います。

日本語は同音異義語が多いと言われますが、漢字の同音異義語の多さに比較してみると、その差は歴然としています。

たとえば、日本語で「カン」と発音する漢字を、『学研　小学漢字辞典（改訂第六版二〇一九年刊）』で検索してみましょう。

「干」「刊」「甘」「甲」……と五九個掲載されています。

「ショウ」と発音する漢字は、「小」「昌」「賞」「章」など、なんと九六個もあります。

どうやって、中国の人たちは、この同音異義語を区別しているのでしょうか。

同音異義語で意味を間違えないようにするには、二つの方法があります。

ひとつは、発音のアクセントによって区別する方法です。

日本語でも「はし」は、「橋」「箸」「端」をアクセントで区別できます。

現代中国語を習うと、漢字にはすべて、「第一声（→）」「第二声（↗）」「第三声（⤻）」「第四声（↘）」の四種類のアクセントがあることを始めに習います。

たとえば、「教」を第一声でjiaoと発音すると、「教え、教えること」という名詞になります。これに対して、「jiao」と第四声で発音すると動詞の「教える」になります。

もうひとつの方法は、熟語で使うという方法です。

「日本橋」の「橋」、「お箸、菜箸」の「箸」、「末端、切れっ端」の「端」と言えば、同音であっても、違う意味の言葉だとわかります。

現代中国語の語彙は、ほとんど熟語で漢字を使い、漢字一字で話をしたりすることはほとんどありません。アクセントと熟語で、同音異義語の衝突を避けているのです。

現代中国語の四声は、唐代は「平上去入《へいじょうきょにゅう》」と呼ばれるアクセントで区別されていました。「平声」から「去声」までは音の調子で、「入声」は、発音の最後が「――p」、「――t」「――k」で終わるものです。

日本語の漢字読みには、唐代の「入声」の読みが残っています。

旧仮名遣いで書かれる「合（gap）」（ガフ）、「蝶（diep）」（テフ）、また「達（dat）」が「タツ」、「格（kak）」が「カク」などです。

ちなみに現代中国語では、「合」はhe（フー）、「蝶」はdie（ディエ）、「達」はda（ダー）、「格」はge（グー）となって、韻尾の――p、――t、――kは消えてしまっています。

「平上去入」から現在の「四声」へのアクセントの変化が起こったのは、唐末から北宋までの約一〇〇年の間です。

ここで漢詩を作る時に必ず踏まなければならない韻の数は、二〇六から一〇八に減ってしまいます。つまり中国語の発音は簡単になり、漢詩も作りやすくなったと言えますが、その分、同音異義語が増えて、熟語が非常に多くなっていきます。

中国語の「声点」が「゛」の源流

平安時代に、大学寮や勧学院（藤原氏が子弟のために建てた寄宿舎）などで、中国人から漢字の発音を習う時、学生たちは、「平上去入」のアクセントも習いました。

そのことを表すように、奈良、平安時代に書かれた写本のなかには、漢字の四隅のいずれかに「、」や「○」が付けられているものが散見されます。

左の下隅に点があれば、「平声」、左上隅は「上声」、右上隅が「去声」、右下隅が「入声」です。この点は「声点」あるいは「四声点」と呼ばれます。

じつは、こうした記号を付けるのは、わが国で始まったものではありません。隋代末期から唐代にかけてすでに中国で行われていた読み方が、日本に伝わってきたものだったのです。中国の学者、顔師古《がんしこ》（五八一〜六四五）『匡謬正俗《きょうびゅうせいぞく》』や張守節《ちょうしゅせつ》『史記正義』（七三六年頃）には、中国では唐の時代に入ってから本を読む際に、この声点が附けられるようになったと記されています。

じつは、この「声点」が、現在我々が使う濁点のための「゛」の源流なのです。

濁音の発音

ところで、〈ひらがな〉が作られたのは、『古今和歌集』が編纂された九〇五年とほぼ同時期です。

『古今和歌集』の原本は残っていませんが、一一二〇年に写された「元永本《げんえいぼん》」や、古筆切《こひつぎれ》、藤原清輔《ふじわらのきよすけ》（一一〇四～一一七七）が写したとされる系統の本など、平安時代に書かれたものが遺されています。

これら写本で使われている文字は、ほとんど〈ひらがな〉、あるいは変体仮名《へんたいがな》（ひらがなの異体字）です。

元永本に書かれた歌を見てみましょう。

そてひちて　むすひしみつの　こほれるを　はるたつけふの　かせやとくらむ
（紀貫之　春歌上二首目）

これは漢字仮名交じりで、「袖ひちてむすひし水のこほれるを春立つけふの風やとくらむ」と翻字《ほんじ》されています。

「そて」は「袖（そで）」、「むすひし」は「結びし」、「みつ」は「水（みず）」、「かせ」は「風（かぜ）」であることは確かなのでしょうが、この歌は、実際にはどのように発音されていたのでしょうか。

おそらく、濁音では発音されず、鼻にかかる程度の微妙な濁音程度はあったのではないかと考えられます。

我々現代人の日本語の発音は、口の前の方で調音されていますが、古代日本人の発音は、口の奥の方で、モゴモゴするような発音をしていたのではないかと思うのです。

濁音と言えば濁音なのですが、現代日本語のようなガサガサしてトゲのある濁音ではありません。

三代目桂米朝《かつらべいちょう》（一九二五〜二〇一五）、六代目三遊亭圓生《さんゆうていえんしょう》（一九〇〇〜一九七九）などの落語を聞いていると感じるのですが、現代の落語家に比べると、口の奥の方で話をしているのがわかります。

また謡曲を習うと、口の先で発音するのではなく、口というより喉の奥の方から音を出すようにと言われます。

そうであれば、古代の日本語には「清濁」意識がほとんどなかったのだろうと考えられます。

回文ができる理由

さて、もしも古代に、「か」と「が」が（k対g）、「さ」と「ざ」、「た」と「だ」（s対z、t対d）のような清濁の対立という意識があったとすれば、次のような言葉遊びもなかっただろうと思われます。

藤原清輔が書いた『奥義抄《おうぎしょう》』という歌論書には次のような「回文」の和歌が載せられています。

廻文歌。さかさまによむに同歌也。草花を詠む古歌に云う。
むら草に　草の名はもし　そなはらば　なそしも花の　咲くに咲くらむ

「そなはらば」と「ば」の濁音がありますが、この濁音を気にしていたら、こうした回文はできません。

また、藤原隆信《ふじわらたかのぶ》（一一四二〜一二〇五）の歌集には五首の回文の和歌が載せてあります。

白浪の　高き音すら　なかはまは　かならずとをき　かたのみならし

繁る葉も　かざして　いはま闇くだく　みやまはいでじ　さかも遥けし
長き夜の　のもはるかにて　そまくらく　まそでにかるは　もののよきかな
はらあける　船なるたなは　いをとると　をいはなたるな　ねぶるけあらば
しなたまも　をかしなまひも　待てしばし　てまもひまなし　かをも又なし

さて、『古今著聞集《ここんちょもんじゅう》』には、こんな話が載せられています。

高倉《たかくら》天皇の皇女坊門院範子《ぼうもんいんのりこ》（一一七七〜一二一〇）のところに長年召し抱えられていた蒔《まき》絵師《えし》があった。範子が、用事があるから「すぐ参れ」と蒔絵師を呼ぶと、蒔絵師はあきれるほどの大きな仮名文字で手紙を寄越して来たのです。

それには、

ただいまこもちをまきかけて候へば、まきはて候ひてまゐり候べし

と書かれてありました
この手紙を読んだのは、坊門院のところで台所のことを取り仕切っている女房でした。
彼女は、この手紙を「いま、女を抱いて寝ておりますので、ことをすませてから伺いま

す」と、読んだというのです。

　というのも、「こもち」は漢字では「御持」と書いて「御道具」という意味と、「子持ち女」という読み方ができ、また「まく」は「蒔絵をする」という意味と「枕《ま》く」という意味があったからです。

　女房は、なんと慎みないことを手紙に書くのだと言って怒り、さっそく蒔絵師を呼び寄せて詰問しました。

　すると、蒔絵師は、「まったく不都合なことは申しておりません。私は、『今、御持（御道具）を蒔きかけておりますので、蒔き終わり次第、すぐに参上致します』と書いたのでございます」と、言ったというのです。

『古今著聞集』は、この話を載せたあとに、当時の諺に「仮名は読みなし」という言葉があったと記していますが、これは、「仮名で書かれたものは、解釈がさまざまにできる」と言うことを意味します。

　漢字で書き分けたり、濁点を付けたりしなければ、何とでも読めてしまうということなのです。

本居宣長の大発見

古代日本語に濁点で始まる言葉がほとんどないということを発見したのは、国学者・本居《もとおり》宣長《のりなが》（一七三〇〜一八〇一）です。

宣長は、『古事記』『日本書紀』『万葉集』のすべての語彙を漢語と大和言葉に分類し、古代日本語の研究をすることで、この大きな事実に気が付いたのです。

実際、『古今和歌集』編纂と同時期に作られたわが国最古の漢和辞書『新撰字鏡』を見ると、濁音で始まる言葉は、ひとつしかないのです。

その言葉は、「夫知」と書いて「ブチ」と発音するもので、漢字の「鞭」の読み方を記したものです。「鞭」は、現代語では「ムチ」と発音されます。

呉音と漢音との違いについて先述したところで、こういうことを書きました。漢音は、「呉音では鼻音で発音されていたものが鼻音の後半部が口音化している」と。

たとえば、「馬」は、呉音では鼻に抜ける「ンマ（ŋma）」だったのが、漢音では「マバ（mba）」となります。「馬」が「マ」から「バ」となったのはこの鼻音の後半部の口音化した後ろの部分が強く聞こえるようになったからです。同様の例は、「梅」が「メ（マイ）」から「バイ」へ、「無」が「ム」から「ブ」などを挙げることができます。ただ、これは現代日本語の濁音である「バ」「バイ」「ブ」ではなく、鼻から息が抜けるようにして発音される「ŋb」という音でした。

はたして、「鞭」の発音も「夫知（ブチ）」とは書いてありますが、「んむぶ（mŋb）」というような音であったと考えられます。

そうであれば、この「夫知」は、鼻濁音の類いであって、本当の濁音とは言い難いのではないでしょうか。

宣長が、もうひとつ挙げる語頭濁音の言葉は、1章でも紹介した『万葉集』に出てくる山上憶良（六六〇〜七三三）が書いた「貧窮問答歌」の中の言葉です。

憶良は、風邪を引いて、「鼻汁がビチョビチョだ」というのに「鼻毘之毘之」と書いています。

ただ、この「毘」も、じつは有気音の強い「bi」という音を表すものではなく、鼻がぐちょぐちょになっているというような鼻音だったに違いないのです。

このように考えると、奈良時代から鎌倉時代頃まで、日本語には、ほとんど濁音がなかったということがわかるのではないでしょうか。

そうであれば、〈ひらがな〉や〈カタカナ〉が作られた平安時代前期にも、わざわざ濁音を表すための仮名を創る必要もなく、また明覚によって五十音図が創られた平安時代末期にも、清音だけで音図を組み立てればいいということだったのではないかと考えられるのです。

語中に現れる連濁

ただ、語頭に濁音がなかったことは確かですが、「濁音」がまったくなかったというわけではありません。

今でもそうですが、言葉が二つ合わさると、繋がった部分が濁音になる言葉はたくさんあります。

たとえば、

「たけ（竹）」と「さお（竿）」で「タケザオ」
「かみ（神）」と「たな（棚）」で「カミダナ」
「ささ（笹）」と「つか（塚）」で「ササヅカ」
「しま（島）」が重なると「シマジマ（島々）」
「にほん（日本）」と「はし（橋）」で「ニホンバシ」

ひとつひとつの言葉は清音で始まりますが、合わさると、後ろの言葉が濁音に変わります。

日本語ならではの現象で、すでに『万葉集』、あるいはそれ以前の時代から起こっていたと言われますが、漢語の「壇」を「ダン」、「願」を「ガン」などともとから濁音で読む言葉を「本濁」と呼び、右に挙げたように二つの言葉が合わさった時に後の清音が濁音に変わる場合をとくに「連濁」（古くは「新濁」とも）と呼んでいます。

しかし、どんな時に連濁が起こるのかについては、昔から研究されているものの、はっきりしたことはよくわかっていません。

まだ解明されていない日本語の不思議のひとつです。

それは、ひとつには方言の問題と、それぞれの時代での慣用としての言葉の変遷があるからです。

「横川」を「よこかわ」と言うところもあれば、「よこがわ」と呼ぶところもあります。さらに比叡山延暦寺の本堂の周辺は「よかわ」と呼ばれます。

「佐世保」という地名も「させぼ（SASEBO）」と駅名には表示されていますが、古くから住んでいる人の中には「させほ」と清音で読むのが正しい読み方だという方もいます。

この連濁については、古くから鼻音に続いて出る言葉は濁音になりやすいと言われていました。

たとえば、江戸時代には「信仰」が「しんごう」、「進退」が「シンダイ」、「灌頂」が「カンヂャウ」と濁音で発音されていました。これは、「信（シン）」「進（シン）」「灌（カン）」が「ng」という鼻に掛かる音になることで、それぞれ次の「仰（コウ）」「退（タイ）」、「頂

（チョウ）」に続けやすくなるからです。

しかし、鼻音に続いて出る言葉が必ず濁音になるわけではないし、現代ではそれぞれ「シンコウ」、「シンタイ」、「カンチョウ」と濁らないで発音することになっています。

また「三」という漢字は、本来「サム（sam）」と発音する両唇音（上下の唇を合わせて発音する）でした。ただ、室町時代になる頃には、これをきちんと「サム」と発音することができる人はほとんどいなくなってしまいます。

「サム」と発音することができる人は、「三階」を「サム・カイ」あるいは「サムッカイ」と発音していたと思われますが、後に、これを「サンガイ」と発音したり「サンカイ」と発音した人がいたりして、だんだん何が正しい発音なのか、わからなくなってしまうのです。

濁音が現れる規則

ただ、国語学者・奥村三雄（一九二五〜一九九八）によれば、連濁が起こる条件がいくつかあると言います。

まずは、アクセントです。

京都の方言では、前半部に来る言葉が上昇する場合は連濁しやすく、下降気味の時は連濁しにくいらしいのです。

例えば、「甘蔗」は「カンショ」と「ショ」が濁らないのは、「甘」の発音が下がり気味の発音をするからである。これに対して、『漢書』という書物の場合は「カンジョ」と濁る。「漢」は上昇するアクセントで発音されるからです。

また、用言が二つの場合には連濁しないが、用言と体言の場合は連濁するとも言われます。たとえば「分かち書く」という場合は連濁しないが、「分かち書き」の時には、「ガキ」と連濁して発音されるなどの例です。

さらに、前の言葉が後の言葉の目的格の場合は、副詞修飾格の時より連濁しにくいとも言われます。

「風呂焚（た）き」に対して「水炊（だ）き」はこの例です。

次に、前の言葉と後ろの言葉が対格の場合は連濁しにくいとされています。

「田畑」は「たはた」だが、「麦畑」のように対立した関係でない場合は「むぎばたけ」と連濁する。

また、擬音語、擬態語は同じ言葉が重なっても連濁しません。例えば、「しとしと」「さんさん」はこうした例です。

しかし、このような分類を行ってみても、ある時代の、特定の場所に限って調べれば、連濁の現象についてある程度説明できますが、結局、日本語全般で「連濁」が起こる、共通している理由は見つけることができないのです。

日本語には、少なくとも鎌倉時代まで濁音で始まる言葉はなく、また言葉の途中で現れる「連濁」という濁る音も時代や方言によって、あったりなかったりする不思議な音だったのです。

こんな幽霊のような音、それから「濁」などという音は、天皇家を中心にした「聖なるもの」「清いもの」を求める思想から言えば、忌むべき音だったのではないかと思われます。あるいは、わかっていても書かない。書くことによって「俗」や「邪」のようなものを引き寄せてしまう恐怖という意識もあったのではないかと考えられます。

発音の急激な変化

ところで、二〇〇〇年を越えた頃から、あるいは多くの人がスマートフォンを使うようになってからと言った方が適当かもしれませんが、ぼくは、日本語の発音が変わったように思っています。

口先だけで、早く鋭い音で話す人たちが非常に多くなったのです。

それとともに、母音の響きを聞くことがなくなってしまいました。

それまでは、とくに関西、中でも京都の人と話をすると、母音の音が強くて優しいいい言葉だなぁと思っていたのですが、母音の響きもなくなってしまいました。

たとえば、「京都」という言葉は、今は「キョウト」と発音しますが、一九七〇年代までは「キョウトオオ」と言っていました。三遊亭圓生の落語「鹿政談」の枕などを聞いていると、じっさいそう発音されています。

ところが、次第にこういう母音の響きが強い言葉を聞くことがなくなってしまったのです。

ひとつの理由は、日本語が二重母音を避けて、母音調和を行う性質が高いということがあるでしょう。

「英語」は「エイゴ」と発音すべきでしょうが、これは「エーゴ」となります。母音が二つ重なるからです。

「おとうさん」「おかあさん」も「とう」「かあ」の部分で母音が重なります。

「おとっちゃん」「おっかさん」「おとーさん」「おかーさん」「とっさん」「かっつぁん」になるのは、母音を重ねることを嫌う日本語の性質からくる現象です。

もうひとつ、大きな原因は、ヨーロッパの外来語が、それまで以上にものすごい勢いで日本語の中で使われ始めたことです。

新聞や雑誌などを見ても、それまである程度緩やかに日本語化して入ってきていた外来語が、未消化のままドッとカタカナ語となって使われることが急増してしまったのです。

気にしない人には、まったくどうでもいいことかもしれません。しかし、こうした日本語の変化は、同時に文化を根底から変えることではないかと考えられます。

同じような、日本語の大きな変化は、室町時代から江戸初期にも起こっていました。外来語の流入と、庶民の言葉の顕在化です。

こう言ってよければ、この日本語の変化が「近世」を創りだしたのではないかと考えられます。

アベ・マリア

フランシスコ・ザビエル（一五〇六～一五五二）が、日本に来たのは一五四九年のことでした。ここから、一六一二年キリシタン禁制までの約六〇年の間に起こったヨーロッパ式印刷による日本語の表記に対する意識の変化は、江戸時代を通じてさらに加速化させていくことになります。

慶長五（一六〇〇）年に、長崎で出版されたキリスト教の祈禱書に『おらしよの翻訳』（天理図書館所蔵）というものがあります。

「おらしょ」はラテン語の「oratio」で祈禱を表しますが、「祈禱」と翻訳せずに、現代のいわゆるカタカナ語のように、ラテン語の発音をそのまま、まるで日本語のように文字化しているのです。これが〈カタカナ〉であれば、まだ「外国語」「外来の宗教」ということを、無意識に区別することができたのだと思いますが、〈ひらがな〉で書かれていることで、日本人の心にすんなりと入って来るような仕掛けにしたのではないかと思われます。

こういうものがあります。

「あべまりやのおらしよ」というマリアへの祈禱文です。

あべまりや　がらしや　ぺれな。だうみすぬす　てゐくん　べねぢた　つういむ　り
ゑぶす。ゑつ　べねぢつすふるつす　べんちりす　つうい。ぜず、さんた　まりや
まあてるでい。おら　ぽろ　なうびす　ぺかたうりぶす。ぬんく　ゑつ　いん　おら
もちす　なうすてれ。あめん

これは、もともとラテン語です。

Ave Maria, gratia plena, Dominus tecum, benedicta tu in mulieribus, et benedictus fructus ventris tui Jesus. Sancta Maria mater Dei, ora pro nobis peccatoribus, nunc, et in hora mortis nostrae. Amen

きっと、オペラ歌手、ソプラノの歌手が歌う曲でご存じの方も多いのではないでしょうか。

現在、日本語では「アヴェ、マリア、恵みに満ちた方、主はあなたとともにおられます。あなたは女のうちで祝福され、ご胎内の御子イエスも祝福されています。神の母聖マリア、わたしたち罪びとのために、今も、死を迎える時も、お祈りください。アーメン」（日本カトリック司教協議会訳）と訳されています。

でも、見てください。ヨーロッパの言葉には、濁点がたくさんあります。

平安時代の人たちが不必要と考えた濁音が、室町末から江戸時代のキリシタンにとっては音を区別して書き表すには必要な文字だったのです。

濁音が多い『平家物語』

キリシタンの人たちが、日本語習得のためにローマ字で記した『天草版平家物語』（一五九二年）というものがあります。

VManojô. Qẽgueônobõ, Feiqe no yurai ga qi qitai fodoni, ara ara riacu xite vo catari are. QIICHI. Yafui coto de gozaru: vôcata catari maraxôzu. Mazzu Feiqemonogatari no caqifajime niua vogori uo qiuame, fito uomo fito to vomouanu yŏ naru mono ua yagate forobita to yŭ

日本語に直すと、「右馬の判官。検校の坊、平家の由来が聞きたい程に、粗々略して御語り有れ。喜一。易い事で御座る：大方語りまらせうず。先づ平家物語の書き始めには驕りを極め、人をも人と思わぬ様なる者はやがて滅びたと言う」となります。

「VManojô.」など、語頭の「V（v）」は、現在であれば「u」と表記されるべきものです。

また、「Yaſui」の「ſ」は「s」です。

「Feiqe」など、唇の上下を合わせて「ファフィフゥフェフォ」と発音しているものもあります。

実際の『平家物語』の語りは、古いものは謡曲のように鼻音が多かったのかもしれませんが、ローマ字で書かれると、とても濁音が多いということに、改めて気づかされます。「文字化」という現象、とくに「ローマ字化」という客観的な現象で示されると、その事実に直面したのではないでしょうか。

江戸っ子の話し方

さて、江戸の庶民の言葉は、そのままの口語を写したものが「噺《はなし》（咄）本《ぼん》」などに多く残っています。

安永二（一七七三）年、江戸で出版された『都鄙談語《とびだんご》三篇』の序を見てみましょう。

　上古《ずんとむかし》は爺《じじ》と婆《ばば》。中古《なかごろ》を長者《ちやうじや》、馬鹿聟《ばかむこ》、真似する妻妾《ないぎ》。今や流行して、盲僧《ざとう》、傾城《けいせい》、俠夫《きをひ》、泥坊《どろぼう》と、咲話《はなし》にも調度《だうぐだて》ありと、此さかひを勘弁《かんべん》して、亀文子《きぶんし》が一篇となすを、今梓行《しかう》し、三篇の都鄙談語《とびだんご》と表題《へうだい》して、賞覧《せうらん》に備《そな》ふることになりぬ

（筆者注——振り仮名は原作のまま）

文章の意味はおいておいても、なんと、下品なと言いたいほどに、濁点の言葉でいっぱいです。

ところで、式亭三馬《しきていさんば》（一七七六～一八二二）の『浮世風呂』（一八〇九～一八一三刊行）には、「はじめに」や1章で触れたようにとても興味深いことが記されています。

『浮世風呂　前編』の「凡例」に次のように書かれています。

常のにごりうちたる外に白圏《しろきにごり》をうちたるは、いなかのなまり詞にて、おまへがわしがなどいふべきを、「おまへが」「わしが」といへる「が」「ぎ」「ぐ」「げ」「ご」の濁音としり給へ。

これは、「ふつうの濁点の記号の外側に白抜きで書いてある言葉は、田舎の訛った発音で、江戸で〈おまえが〉〈わしが〉という〈が〉が、鼻にかかって〈んが ŋa〉というのを〈ga〉と発音するものと知っておいて欲しい」という説明なのです。

三馬は、できるだけ忠実に、発音を文字で描こうとしたのでした。

客の背中を流す三助は、東北の出身ですが、彼が、山《やま》の芋《いも》（薯蕷）が鰻になったという話をする場面があります。

そこで、三助は、「もつともハア、五体揃《ごてへ》つてでもねへ。半分《ふはんぶん》が薯蕷《やまのよも》（筆者注——「やまのいも」ではない）で、半分《ふはんぶん》が鰻子《うなぎっこ》だア」（『浮世風呂』）と言うのです。

江戸っ子なら、「半分が」は「ハンブン・んが（ŋa）」と、鼻から抜けるように発音をしていたはずです。

ところが、東北出身の三助は、我々が現在「がまがえる」や「蛾」を発音する時のような非常に鋭い「ga」という発音をしていたのでした。

発音を文字化する

明治以降の国語教育が、発音の矯正から行われたことは、すでに3章で記しました。

発音と文字を一致させることは、国語教育の重要な課題でした。

明治時代になって流入してくる英語、ドイツ語、フランス語などヨーロッパの言語にはもちろん、日本語にもたくさんの濁音があるとすれば、それは書き表さなければなりません。

清音だけの「五十音図」があったものに、「濁点」「半濁点」という記号をつけたものを公式の音図として文部省が出版したのが明治五（一八七二）年の『単語篇』です。

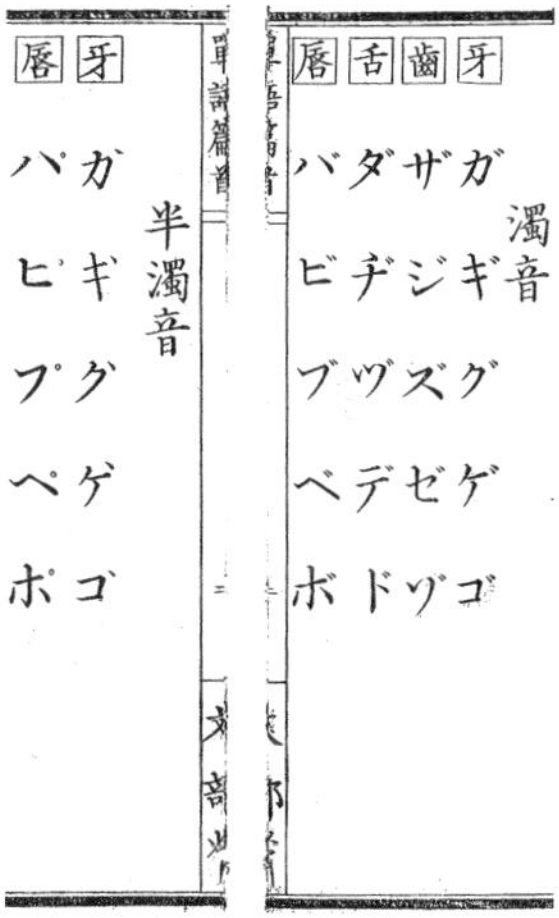

文部省『単語篇』明治５年（国立教育政策研究所「近代教科書デジタルアーカイブ」）

五十音図による日本語の発音と文字を一致させる明治以来の教育によって、我々は世界中のありとあらゆる「音」を、文字化することができるという「錯覚」を植え付けられることになります。

しかし、その「錯覚」が日本語の表現に制限を与え、外国語習得に不利に働いているのかもしれないのです。

次の5章では、こうしたことを考えながら、五十音図の可能性について記したいと思います。

5章

五十音図の功罪

――忘れられた「いろは歌」のこと

五十音図引きの辞書

日本語の辞書は、明治時代まで「いろは引き」でした。初めて「五十音図引き」で辞書が作られたのは、国語学者、大槻文彦《おおつきふみひこ》（一八四七〜一九二八）が編纂し、明治二十二（一八八九）年から出版された『言海』です。

同書の出版祝賀会には、政財界、文学界の著名な人物が招待されました。その中に、福澤《ふくざわ》諭吉《ゆきち》がいましたが、諭吉は祝賀会には出席しません。

その理由は「風呂屋の下駄箱」のように言葉を並べてあるからだというものでした。

当時の風呂屋の下駄箱が、五十音の順番になっていたわけではありません。これは、四角に区切られた枡形の五十音図が、風呂屋の下駄箱のように並んでいることを視覚的に見て揶揄したものです。

我々は、もはや「いろは」で順番を数えることができないほど、「いろは歌」に親しんでいません。いろは順の辞書を作られても困ってしまいますが、諭吉の世代まではむしろ、「あいうえお」順に言葉を並べることなど考えられないほど、「五十音図」はほとんど使われる機会がないものだったのです。

「いろは歌」の誕生

それでは、「いろは歌」はいつ頃作られたものなのでしょうか。

これから少し、「いろは歌」と「五十音図」の歴史について触れてみたいと思います。

そのことによって、日本語が「いろは歌」と「五十音図」という両方の力に支えられて成長してきたことがわかるからです。これは、決して我々、日本語で文化を享受する人たちが忘れてはならないことだと、ぼくは確信しています。

さて、現在、発見されている「いろは歌」を書いた最古の文献は、平安時代、承暦《じょうりゃく》三（一〇七九）年の識語のある『金光明最勝王経音義《こんこうみょうさいしょうおうきょうおんぎ》』（大東急記念文庫所蔵）だとされています。

『源氏物語』が書かれてほぼ八〇年後、奥州で清原氏が滅ぼされ奥州藤原氏が登場する「後三年の役」が起こった頃です。

藤原《ふじわらの》道長《みちなが》が栄華を極め、紫式部《むらさきしきぶ》や清少納言《せいしょうなごん》などがいた時代は終わりを告げ、「諸行無常」あるいは「栄枯盛衰」を感じる風が吹き始める時代です。

色は匂へど　散りぬるを
我が世誰ぞ　常ならむ
有為の奥山　今日越えて
浅き夢見し　酔い（ひ）もせず

「いろは歌」は、古来、仏教の経典『大般涅槃経《だいはつねはんきょう》』の中で、「諸行無常」を説く「無常《むじょう》偈《げ》」（「偈」は「韻文」をいう）に由来すると言われます。

いろは歌は、こうした時代の趨勢《すうせい》を背景に生まれてきたものだったのです。

「五十音図」の誕生

それでは、「五十音図」はいつ、どのような背景から生まれてきたものでしょう。

「五十音図」も、「いろは歌」とほとんど時代を隔てない時期に作られました。「五十音図」

の原型とされる最古のものが掲載されているのも、「いろは歌」が書かれた『金光明最勝王経音義』なのです。

ただ、現在の五十音図と同じ「アカサタナハマヤラワ」の順番に並べ変えられたのは、明覚の『反音作法』(一〇九三年)によってです。

明治時代の初めまで、「五十音図」は吉備真備《きびのまきび》(六九五~七七五)、「いろは歌」は空海(七七四~八三五)が作ったものと言われて来ましたが、国語学の研究の成果によって、こうした伝説が間違っていることが明らかにされたのです。

それは、「いろは歌」も「五十音図」も「上代特殊仮名遣い」と呼ばれる上代日本語の発音体系が反映されていないという事実です。

平安時代前期、日本語は、万葉仮名で書かれていました。

その万葉仮名の使い分けを研究すると、「キ、ヒ、ミ、ケ、ヘ、メ、コ、ソ、ト、ノ、モ、ヨ、ロ」の一三音、濁音の「ギ、ビ、ゲ、ベ、ゴ、ゾ、ド」を入れると合計二〇字に、それぞれ二種類の書き分けがあったことがわかるのです。

はたして、この書き分けがされている時代に生きていた吉備真備や空海が、もし「いろは歌」や「五十音図」を作っていたとしたら、少なくとも一三音を加えた「いろは歌」や「五十音図」が作られていたはずなのです。しかし、一三音はありません。

こうしたことから、「いろは歌」も「五十音図」も、万葉仮名による書き分けが喪われ、〈ひらがな〉と〈カタカナ〉が発明された九〇〇年代以降に作られたことは確実になったのです。

ところで、平安時代の九七〇年に、源 為憲《みなもとのためのり》の幼学書『口遊《くちずさみ》』に、「天地の詞」と「大為《たい》爾《に》の歌」というものが掲載されています。

これらも、「いろは歌」や「五十音図」と同じように、仮名が重複しないように作られた手習いを目的とした文字遊びですが、もし「いろは歌」や「五十音図」が九七〇年までに作られていたとしたら、本書に収められていたに違いありません。

これらのことから、「いろは歌」と「五十音図」は九七〇年から一〇七九年までの約一〇〇年の間に作られたということになるでしょう。

南無阿弥陀仏の発音の変化

さて、「いろは歌」は、「無常」という時代の流れを受けて作られたものだと先に触れましたが、それでは「五十音図」はどういう理由で作られたものだったのでしょうか。

「五十音図」も、もちろん時代の変遷と無関係ではありません。

平安時代末期から鎌倉時代へと移り、法然《ほうねん》（一一三三～一二一二）や日蓮（一二二二～一二八二）などが現れ、「念仏」を唱えるだけで魂の救済ができることを、民衆に教える時代が直前に迫って来ていました。

そうした状況で、明覚は、「五十音図」を作成し、仏教経典読誦の発音を、可能な限りサンスクリット語で書かれたオリジナルに近いものにしようと駆使したのでした。

たとえば、「南無阿弥陀」のサンスクリット語の発音は「namo-amitā（ナモーアミター）」で、意味は「無量に帰依する」です。

この言葉は、本来、呪文です。インドから中国に仏教が伝わった時、もともとはサンスクリット語の発音で、この呪文は唱えられていました。

ところが、中国では仏教の経典を、すべて漢文で翻訳します。

その翻訳に際して、この呪文は、「namo-amitā（ナモーアミター）」の発音を、近似する漢字の発音を利用して「南無阿弥陀」と書いたのです。

七世紀頃の「南無阿弥陀」の漢字での発音は「nan mb a mi da」です。

サンスクリット語での発音の「mo」、長音の「tā」などを、中国語では再現することができません。

神に願いを捧げる呪文だという点からすれば、ちょっとでも発音が間違っていたら呪文としての効力がなくなるような気がするのですが、翻訳を含め言葉を伝達することの難しさは、まさにこうしたところにも現れてくるのであろうと思われます。

ところで、「南無阿弥陀」あるいは「南無阿弥陀仏」という呪文は、日本の仏教では「称《しょう》名《みょう》」あるいは「称名念仏」として、唱えれば、仏を自分の心に感得できるものだという教えを発達させていきます。

しかし、その「称名」は、唱えれば唱えるほどにその発音は簡単になろうと変化していきます。古くは「nan mb a mi da」だったと思われますが、発音が変わり「ナムアミダンブ」とか「マモアンダー」「ナンマンダー」などと唱えられるようになっていくのです。

空海は言語をどうとらえていたか

法隆寺には、サンスクリット語で書かれた世界最古の経典『般若波羅蜜多心経《はんにゃはらみったしんぎょう》』が遺されています。

八世紀頃のものとされていますが、もちろん、インドから直接もたらされたものではありません。中国あるいは朝鮮半島を経由してわが国に届いたものでしょう。

ただ、それを自在に読みこなせる人がどれだけいたかというと、おそらくほんの数人のインドから来た僧侶だけだったと考えられます。

わが国で、最初にサンスクリット語を本格的に学び、その本質まで掴むことができたのは、空海です。

空海が、唐・長安に留学して学んで来た仏教とは、漢語で中国的解釈をされた「漢訳仏典」による「中国仏教」ではなく、インドで創られたオリジナルの「サンスクリット語」による「インド仏教」です。

空海は、留学から帰国して後、それを日本古来の神道などと融合させ、独自に解釈して「真言宗」と名付けます。

さて、日本語はもとより中国語にも堪能だった空海にとって、そもそも言語とはいったいどういう意味を持つものだったのでしょうか。

空海は、仏教について、言語の観点で書いた『声字実相義《しょうじじっそうぎ》』に次のように記しています。

それ、如来の説法は、必ず文字に藉《よ》る。文字の所在は、六塵その体なり。六塵の本《もと》は、法仏の三密、すなわちこれなり。平等の三密は、法界に遍《あまね》くして常恒《じょうこう》なり

（そもそも如来がこの宇宙の真理を説く方法に、文字に依拠しないものはない。文字は、視覚、聴覚、嗅覚、味覚、触覚、知覚という六つの感覚の本質である。この六つの感覚は、すなわち宇宙の真理である仏による、身体、言語、意識の三種の神秘の活動に他ならない。このすべてのものに内蔵する三つの活動は、全世界に満ちて永遠のものである。筆者訳）

わかりやすく言えば、「如来の説く真理は、人間の六つの感覚を通して言葉によって表現される」、あるいはさらに簡単に言えば、「あらゆる真理は言葉によって説かれている」ということになるでしょう。つまり、言葉を頼りに、我々は真理を追究することが可能であると空海は言っているのです。

「真言宗」と名付けた意味

ところで、空海はその著『文鏡秘府論《ぶんきょうひふろん》』に「文章」とは何かについて述べるために、「五音」という言葉を使っています。これは「五十音図」の母音として抽出される「アイウエオ」の「五音」とも無関係ではありませんので、少し触れておきたいと思います。

文は、五音を奪はず、五彩、所を得るを以て名を立つ。章は、事理《じり》倶《とも》に明らかにして、文義、味《くら》からざるに因りて号を樹《た》つ。文に因りて名を詮《あきら》かにし、名を唱えて義を得。名義、已に顕《あきら》かにして、以て未だ悟らざるものを覚《さと》す。

（「文章」の「文」とは、五音が調和し、あらゆる感情がまるで色彩を得たように表現されていることを言う。「章」とは、事実が論理的に明らかで、表現に曖昧なところがないことを言う。文字によって言葉は明らかにされ、言葉を通じて意味が明らかにされる。言葉と意味を鮮明にすれば、それまで物事を理解できなかった人々をも覚（悟）りに導くことができる。筆者訳）

このような文章を読むと、言葉を通じて「覚（悟）り」を得た空海が、自らの思想を「真言宗」と名付けた理由もわかるような気がします。

「真言」とは、言葉による啓蒙、開眼、真理への道なのです。

そして、そのために、「文章」が重要だとして、「文」が「情」を司り、「章」が「論理」を司るものと言うのです。

言葉の二面性

空海が、「言葉」に対して「情」と「論理」という二つの針路を導き出したのは、非常に画期的なことだったと考えられます。

すでに記したように空海の時代には、「いろは歌」も「五十音図」も作られてはいません。

まさに、この空海の思想によって「いろは歌」と「五十音図」が作られることになったのです。

「いろは歌」は、「情」です。そして「五十音図」は、「論理」あるいは「システム」です。

空海は、言葉に「情」と「システム（論理）」の二面があることを説いて、後世にそれを託したのでした。

この空海の思想のうち、「システム（論理）」を受け継ぐのが、サンスクリット語（梵字）の学問を行っていた人たちです。

サンスクリット語とは、梵字で書かれたアルファベット式記号です。

子音と母音を組み合わせて、発音をそのまま書き表せるということこそ、音韻学的視点かられば、偉大な発見でした。

空海は、持ち帰った書や品の目録『請来目録《しょうらいもくろく》』で次のように記しています。

仏教はインドを本《もと》としています。西域、中国へと教風の軌範をたれていますが、はるかに隔たりがあります。それは、言語が中国の音韻と異なり、文字も篆隷《てんれい》の書体ではありません。ですから、かの翻訳によってはじめて、その教えをくみとるほかありません。それにもましてさらに、真言は幽邃《ゆうすい》なもので、一字一字の意味が深いので、音に随《したが》って意味を変えてしまうと、その緩急長短を誤りやすいのです。せいぜい原意を髣髴《ほうふつ》とさせうるだけで、原意を完璧につかむことはできません。この梵字によらなくては、音の長短の違いがわからないのです。原語を尊重する意味は、まさにここにあります。

（『弘法大師空海全集』第二巻、真保龍敞訳、筑摩書房）

漢字は、視覚的にその発音を示す音符が示されていません。

漢字で音訳された仏教経典では、サンスクリット語で書かれたオリジナルの経典に記された「真言」を、本当には理解することができないのです。

これは、日本語についても言えることです。

日本語の発音が、子音と母音との複合であると考えれば、それをサンスクリット語の梵字に当てはめることによって、日本語が、どのような構造で作られているかを知ることができるのです。

奈良時代末期から平安時代前期までの日本語は、現在の日本語に比べて、母音の音が非常に強いものだったと考えられます。

日本語は、母音が重なることを嫌うという性質があります。

たとえば、古代日本語について言えば、

「吾が・妹《いも》」→「わぎも」

「荒い・磯」→「あらいそ」
「春・雨」→「はるさめ」

のように、母音が重なると、母音が連続しないように発音を調整するような意識が働いていたことは一目瞭然です。

現代日本語は、母音の響きが希薄になったこともあって、母音が連続してもあまり気にならなくなってしまいましたが、少なくとも明治時代頃までは、とくに関西地方では「子音と母音」の発音も母音の方を強く発音する傾向がありました。

こうした日本語の発音の構造を、漢字でうまく分析することはできません。まだ、国際音声記号（IPA）などなかった当時の東アジアの言語環境では、梵字に因ることが、最も科学的な方法だったのです。

空海のこうした梵字の研究は、「悉曇学《しったん》」と呼ばれます。「悉曇」とは、もともとは「シッダマートリカー」という文字で書かれた梵字文献の研究だったのが「サンスクリット語による仏教経典の研究」という意味で使われるようになったものです。

悉曇学は、空海没後、天台宗の円仁《えんにん》、円珍《えんちん》、安然《あんねん》、明覚へとその研究が受け継がれていきます。

文字のみならず、日本語にはない発音も含まれているため、悉曇学は、江戸時代まで「面授」によってのみ、その血脈を伝えることが許されてきました。

サンスクリット語の順番に随った配列

さて、「五十音図」の話に戻りたいと思います。

五十音図は、日本語の発音が「子音」と「母音」の組み合わせによってできていることに着目して、調音される口内の位置を特定し、サンスクリット語の順番に随って配列されています。

カ（ガ）行は、喉の中、舌の付け根で発音されるもので、「牙音《がおん》」と呼ばれます。

サ（ザ）行は、舌先と上前歯を使って発音されるもので「歯音《しおん》」と呼ばれます。

タ（ダ）行は、舌先と下歯茎《かしけい》で発音されるもので「舌頭音」「舌尖音《ぜっせんおん》」と呼ばれます。

ナ行も、タ行と同じ部位で調音されるので「舌頭音」「舌尖音」です。

ハ行は、喉の奥で発音されるので「喉音」と呼ばれますが、すでに述べたように、日本語で「喉音《こうおん》」が現れるようになるのは、江戸時代になってからです。平安時代初期までは「p」で発音されていました。「パピプペポ」は、上下の唇を合わせて調音されますので「両唇音」と呼ばれます。平安時代前期頃から室町時代までは二つの唇を合わせて「ファフィフゥフェフォ」と発音されていました。この「フ」の音は「Φ」（国際音声記号ＩＰＡ）という記号で表されます。

マ行も、発音してみればわかるように「両唇音」です。

ヤ行は、喉の奥で調音します。「喉音」です。

ラ行は、舌先を口蓋に付けて発音します。「舌音」です。

ワ行は、パ行のように唇を全部閉じてしまわずに軽く開けて発音しますが「軽唇音《けいしんおん》」と呼ばれます。

この順番は、現在でも使われているサンスクリット語辞書の配列と同じなのです。

「いろは歌」が「諸行無常」という思想的背景をもとに作られたとすれば、もう一方の「五十音図」は、その仏教経典を正確に読むための言語システムによって作られたものだったのです。

江戸時代の悉曇学

悉曇学は、江戸時代、契沖《けいちゅう》（一六四〇～一七〇一）、慈雲《じうん》（一七一八～一八〇四）などによって継承されていきます。

とくに、契沖は『和字正濫鈔《わじしょうらんしょう》』を著し、それまで和歌の道で正しい仮名遣いとされてき

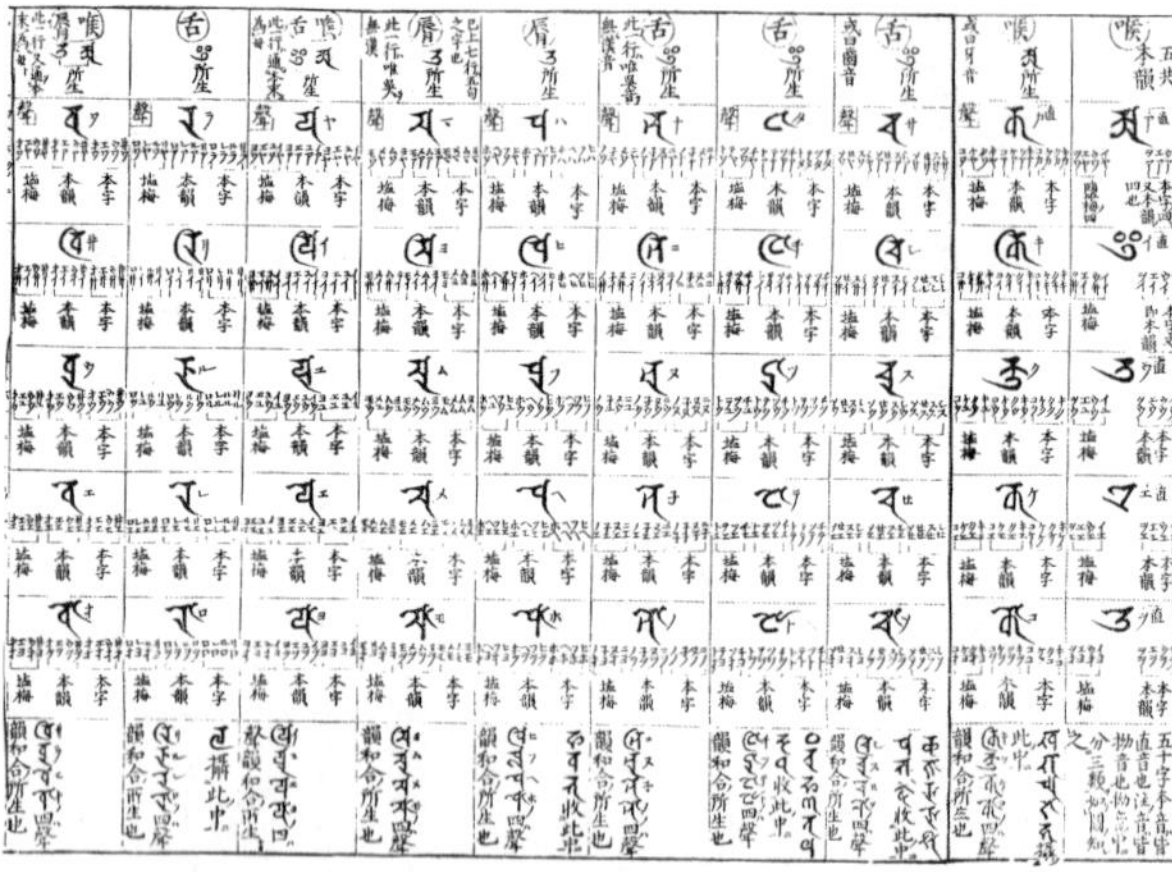

江戸時代初期の書物「悉曇三密鈔」の「五十音図」。サンスクリット語の順番に随って配列されている

た「定家仮名遣い」の誤りを指摘します。

これが、昭和二十二（一九四七）年まで使われる「旧仮名遣い」のもとになったものなのです。

ある意味、契沖の悉曇学は、日本語の本来の発音と文字との一致を求めるために非常に重要なものでした。

たとえば、「五十音図」を駆使することによって、必ず「う」段で終わる日本語の動詞の変化が「上一（二）段」、「下一（二）段」であることなども確認できます。また活用は「開き（ます）」「開か（ない）」「開ける」など五十音図の同じ行の中だけで変化することもわかります。

「五十音図」は、日本語の発音、文法を解析するためにも、魔方陣のような役割を果たすものなのです。

システムという面から日本語を見るためには、欠かすことができません。

比較言語学が解き明かしたこと

さて、悉曇学は、江戸時代は師匠から弟子への直伝でのみ伝えられて来たこと、また文法や表記の学習が難しいこともあり、また仏教の中でも真言宗、天台密教など特殊な領域でのみ使われてきました。

ただ、明治時代になると、ややその様相が変わってきます。

それは、ドイツやイギリスで発達する比較言語学による影響です。

サンスクリット語が、古代ギリシャ語、ラテン語と同じインド・ヨーロッパ語族であることが発見されることによって、ヨーロッパ諸語が、祖語からどのように音韻変化をしてきたかがわかってきたのです。祖語とは、比較言語学の用語で、たとえばラテン語がフランス語、イタリア語、スペイン語などのもととなっている共通の語であることをいいます。

童話で知られるグリム兄弟の兄、ヤーコプ・グリム（一七八五〜一八六三）が発見した「グリムの法則」は、比較言語学の先鞭をつけたものと言われています。

たとえば、数字の「2」は、サンスクリット語でdve（ドゥヴェー）、ラテン語でduo、ギリシャ語 dyo、これがドイツ語では zwei、古期英語では twa から現代語の two となります。

この変化は他の単語でも同様に見られることから、d→z (ts)→t という音韻変化の法則が導き出されます。

もうひとつだけ挙げておきましょう。

数字の「5」は、サンスクリット語で pañcan（パンチャン）、古代ギリシャ語 pénte、ドイツ語 fünf、古期英語 fif となります。

ここから p→f への変化が起こったことがわかります。

さらに、「指」を表す finger という単語は五本の指ということに由来するという語源もわかってきたのです。

こうしたことをまとめることによって、たとえば、すでに触れた日本語の「P」→「Φ」→「H」の音の変化（「母」が古代日本語では「パパ」、それが両唇音の「ファファ」となり喉音の「ハハ」に変化した）なども明らかになったのです。

曖昧な言語、堅牢な言語

さて、言語研究は、やがて技術の発達にともなって、オシログラフ（電気信号の波形を観測する測定器）などを用いた自然科学の分野からの研究、また口内での調音がどのように行われているかという医学的見地、さらには脳科学の発達、心理学的見地など、さまざまな分野で研究されています。そして、こうした研究によって、「言語」の音韻変化の法則などがコンピューターの解析によって明らかにされつつあります。

もちろん、研究が深化するのはとても重要なことです。

しかし、それと同時に、「言語」あるいは「言葉」の持つ「神秘性」などは奪い去られてしまいます。

「言霊」などという言葉を持ち出して日本語の神秘について語ろうとは思いませんが、それでも「曖昧であること」にも重要さがあることは確かです。

とくに、日本語の場合は、「曖昧さ」にこそその核があります。

これは、「膠着語《こうちゃくご》」という言語の性質によるのかもしれません。

「てにをは」という助詞を使えば、言葉は「膠《にかわ》（糊）」でペタペタとくっつくようにして繋がっていき、終わるところを知りません。

昨日、お風呂に入っていたら、外でカァカァとカラスがなく声が聞こえたので、びっくりして窓を開けてみると、猫が一匹あくびをしながら私と目が合うと、つまんないわというような顔をしてそっぽを向いたので窓を閉めようとしたら、今度は、カラスが私をばかにしているような声がしたので、どこにカラスはいるのかしらと窓から頭を出して見ていたら……

英語でもフランス語でもドイツ語でも、もちろん、関係代名詞を使って囲っていけば、長い文章を書くことはできます。

でも、それは、短冊を糊でつなぎ合わせて長々と果てしなく書くことのできる日本語とはまったく異なります。

また、それは、わが国の文化に大きな影響を与えてきた漢文や漢詩の構造とも違います。

漢文やヨーロッパの言語は、こういう言い方で理解しやすいかどうかわかりませんが、「煉瓦を積み重ねたような構造」を持っています。

とくに漢詩は、文字の選択に音韻上の制約を受けるなどして、完全で強固な建造物のような力で成り立っています。

江碧鳥愈白　江　碧《みどり》にして、鳥　愈々《いよいよ》白く
山青花欲然　山　青くして、花　然（燃）えんと欲す
今春看又過　今春　看々《みすみす》又過ぐ

何日是帰年　何《いづ》れの日か、是れ帰年ならん

しかし、もしこの漢詩を構成している文字（煉瓦）の一個を抜いてしまうと、途端に全体が音を立てて瓦解してしまいます。

実際に、漢文で、先ほど挙げた長い文章を書くことは不可能なことなのです。

「五十音図」は指標にすぎない

さて、「五十音図」は、サンスクリット語というインド・ヨーロッパ語族の言語に影響を受けて生まれてきました。言語学的に見ても非常に論理的な構造で作られたものでしょう。

ですが、そのロジックに縛られてしまうと、日本的な「情」「曖昧さ」が、消えていってしまいます。

すでに書きましたが、「五十音図」が一般の人に「共通語習得」を目的に使われ始めるのは、明治時代です。それまでは、「五十音図」は、悉曇学を研究する学僧のための音図《おんず》（言語の音韻をまとめた図表）だったのです。

日本語の共通語の発音を国民に教育することは、明治という中央集権国家を作るために不可欠のことでした。

しかし、このことによって、「曖昧」な音、あるいは「方言」は消えていくことになります。

「五十音図」は「絶対」のものではありません。悉曇学の研究から明覚が導き出した便宜的な「象徴的文字指標」でしかないのです。

そうであれば「五十音図」を「日本語」の音韻体系を描いた完璧な「音図」だと思わない方がいいのではないでしょうか。

たとえ話を使って説明しましょう。

虹は何色ありますか？

日本では、「赤」「橙」「黄」「緑」「青」「藍」「紫」の計七色が一般的と言われますが、それぞれの色はグラデーションと呼ばれる段階的な色調変化のわかりやすい部分を取り出したものにすぎません。

「五十音図」に書かれたそれぞれの「仮名」も、虹とまったく同じ様なものです。

「あ」という音は、発音記号で［a］と書かれる以上に他の音も内包しています。

［a］（あ）は、何も舌を動かさない状態で、喉にも唇にも力を入れず、音を出すと出てくる音です。

さて、ちょっと試してみましょう。

「あー」と声を出しながら、舌の先を、下の歯茎につけてみてください。するとと「あー」と言いながら「えー」にも似た音になってしまいます。さて、この音は「あ」なのか「え」なのか、どっちでしょう。

虹の色の「赤」から「橙」に変わる時の色調の変化も同じです。少し「赤」に近いと感じれば「赤」、少し黄色がかっていれば「橙」と感じるように、聞いた音が「あ」に近いと感じれば、その音は「あ」となり、「え」に近いと感じれば「え」と判断されるでしょう。

発音される「音」にも、「色」の色調と同じような微妙な「音色」「音調」があるのです。それは、人のちょっとした口の中での調音の仕方にもよりますし、またその人の骨格による場合、歯の有無、舌の長短などにも原因があります。

「ん」という音はどういう音か？

『ん――日本語最後の謎に挑む』（新潮新書）という本を書いた時のことでした。筆者は、このなかで「日本語に『ん』で始まる言葉はない」と書いたために、たくさんの投書を頂いた経験があります。

とくに、沖縄の方からは、「んじゃなばー」という野菜、「んきゃふ」と呼ぶ海ぶどう、

「頼もしい人」という意味の「んしゃむん」など、「ん」で始まる言葉がたくさんあると言われました。


でも、それは「五十音図」という音図に基づいて「書く」からそうなるのであって、

「ん」と書いても、じつはそれらの音は、「ん」に「似た音」に過ぎないのです。

それでは、「んという音はどういう音か?」と言われるかもしれません。

答えはこうです。

「ん」という「音」を特定することはできません。

「ん」という文字で表記される日本語の語彙を分析すると、十数種類の音色があると言われます(服部四郎『「ん」について』)。

「ん」の音色の代表的なものを二つ挙げておきましょう。

先に挙げた「んじゃなばー」「んきゃふ」は、鼻の奥で息を止めるようにして一気に開放させるような音で、鼻孔音と呼ばれます。

「ŋ」という発音記号で表すことができます。

「私が」「あなたが」という助詞の「が」は、二〇〇〇年頃までNHKのアナウンサーも「ŋa」と発音するように指導されていましたが、ほとんど消えてしまいました。

一九七〇年代の映画やドラマを観ていると、「わたしが」「あなたが」の「が」が「んが」

と鼻孔音で発音されていることに気が付くはずです。

また、「んしゃむん」は、むしろ「むしゃむん」と書いた方がより、本来の発音に近いのではないかと思われます。

たとえば、数字の「三」の音読を「さん」と習いますが、七世紀の漢字音は「sam（さむ）」でした。「三位」を「さんい」ではなく「さんみ」（sam-i→sammi)、「三郎」が「さんろう」ではなく「さぶろう」（sam-ro→sambro→sabro)、「三昧」が「ざむまい」ではなく「ざんまい」（zam-mai→zambai→zammai）と発音されるのは、そのためです。

これらは、本来なら「む」と書かれてもいい発音が、「ん」で書かれるようになったものです。他に「品」「染」なども、奈良時代の発音を仮名で表せば「ひむ」「せむ」と書かれていました。

また、古語で「友を尋ねん」など、「ん」と書いても、じつはこれは「意志を表す助動詞」である「む」であるなどの例もあります。これも「ん」と書いてあれば「n」と発音するかと言えば、やはり二つの唇を合わせて、同時に息を鼻孔から出す「m」という音が近いでしょう。

さらに、能の謡いなどを習うと、詞書《ことばがき》には「踏みならす」と書いてあるのを「踏みんならす」と読むようにと教えられたりします。ただ、謡いでは「ん」という現代日本語の発音をするのではなく、「み」を発音すると同時に鼻から息を抜きながら、上下の歯を閉じて息を止め、緩やかに「な」の音を出すようなものもあります。

このように「ん」と書かれるものでも、その音色は、必ずしも同一のものではないのです。

みんなが誤用すれば「正しい」ことに

現代は「科学万能」とされる時代です。「非科学的なものは信用することはできない」と言われます。

これを「五十音図」に当てはめて考える前に、少し、世の中の価値観の変化について触れてみたいと思います。

「バチが当たる」という言葉は、今や死語になりつつあります。

たとえば、「肩を出してトイレに行ったらダメ」「茶碗にいただいたご飯の米は一粒でも残すな」「神社仏閣ではごみを捨てるな」「新品の靴は必ず午前中に下ろすもの」「朝からサルという言葉を使うな」「ロウソクの火は吹いて消すものではない」「親は大事にしろ」「お金で遊ぶな」「本を跨いではならない」「夜に口笛を吹くな」「神社の前を通る時には、一礼しなさい」……「そうしないとバチが当たるよ」と教えられて来ましたが、そんなことは、科学万能の時代には通用しません。

これらのことは、人に嫌な思いをさせたりしないため、また不浄なものに接することへの畏怖として言われてきたことだろうと思います。

「朝からサル」という言葉を言ったら、どんな悪いことがあるのか、その証拠を出せと言われたら、どうしようもありません。

これらの言葉は、先人の知恵、あるいは言わずもがなの経験則にしかすぎないのかもしれません。

しかし、「バチ」という言葉で教えられ、伝えられてきた「見えないものに対する畏怖」を、すべて「科学」で切り捨てていいのかどうかという思いが、ぼくにはあります。

なぜなら、現代の「科学」も、一〇〇年後、あるいは五〇〇年後の「科学」ではまったく「デタラメ」だったと言われる可能性がないわけでもないからです。

江戸時代と明治維新、戦前と戦後、インターネットの普及以前と普及後、それぞれの人々の価値観は大きく変化しました。

こうした「迷信」は、おそらく「科学」に駆逐されて、まもなくなくなってしまうでしょう。

言葉も同じです。

逆のパターンで間違った使い方が、いつのまにか「正しい使い方」として定着してしまうこともあります。

先日、ある男子学生と話をしていたら、こういうことを言うのです。

「先生、聴いてください！　アルバイトしているお寿司屋さんで、琴線に触れたらしくて、すっごく怒られたのです。どうすればいいでしょうか？」

「琴線に触れる」という言葉は、素晴らしい人柄や芸術作品などに触れて感銘を受けるという意味です。彼はおそらく「逆鱗に触れる」という言葉と混同しているのだろうと思ってそう注意したのですが、どうやらそうではありません。学生にアンケートをしてみると、なんと七割以上が「琴線に触れる」を「人の怒りに触れる」という意味で使っているのです。

こんな例はたくさんあります。

言葉の「誤用」は、多くの人が誤用するとそれが「正しいこと」になります。

もうひとつだけ例を挙げましょう。

「新しい」を「あたらしい」と読むのは、本来は誤った読み方でした。

「あらたしい」と読むのが「正しい」読み方です。

それは、人名で「新」と書いて「あらた」と読むこととも関係があります。

名前で「あらた」と読むのが、古くからの読み方なのです。

ただ、「あらたしい」は、「舌を嚙みかねない」舌の動きをしてしまいます。すでに平安時代前期頃までに、「新しい」は「あたらしい」というように「た」と「ら」の発音の順番が変わってしまったのでした。

ですが、今でも、人名の「あらた」、また「新たな年」という場合の「あらた」は、そのまま変わらずに残っています。

何が正しく、何が正しくないかという判断は、言葉に関して言えば「多勢に無勢」というしかありません。

大勢の人が共有している言い回しや意味の方が、語源などに基づく本来の言い回しや意味より、社会的に「正しい」ことになっていく例もあるのです。

「五十音図」を作り替えてみよう

さて、「ん」と書いてあっても、じつは大きく分けて二種類の「ん」（ひとつは鼻に掛かる音、もうひとつは「む」に近い音）など、じっさいには音色が異なるものがあるということについて触れました。

書かれている文字は、象徴的な記号でしかありません。

ぜひ、このことを知っておいていただきたいと思うのです。

五十音図に配列される「あいうえお」から「ん」までの文字は、虹のように並ぶ音色の代表的な部分だけを抽出して書かれた記号なのです。

だから、「絶対」なものではありません。「相対的」なものなのです。

そうであれば、この「絶対的」だと思われる「五十音図」を、我々の手でもっと自在に変化させ、さらに細かな日本語の音、日本語のニュアンスが伝わるようなものに作り替えてみませんか。

マンガですでに使われている「あ゛」「ん゛」など「゛」を加えるのもひとつの方法でしょう。なんとなく驚きや苦しさをともなった、「あ」「ん」を感じます。だとすれば「い゛」「え゛」「な゛」「や゛」「を゛」などもあってもおかしくありません。

日本語表記の可能性

五十音図を書き換えてみるにあたり、私にはもうひとつアイディアがあります。

英語を習う時に、「l」の発音は「らりるれろ」と表記していいと思いますが、「r」は反転した「」で書くというようなことにしてはどうでしょう。

フランス語の場合は「らりるれろ」を反時計回り九〇度にして「」とする、中国語の場合は右回りに九〇度にして「」にするなど。

なぜこのような提案をするかというと、外国語の発音を日本語の五十音図だけで表すことはできないからです。皆さんもすぐ思い浮かぶはずですが、英会話を習うと、すぐに日本人が指摘されることがありますよね。「r」と「l」の発音の区別をした方がいいよ、ということです。

right と light をきちんと言えますか？

英語の「r」は、「ゥライト」と発音するようにと言われますが、これは舌先を口の中に浮かせた状態で調音しなさいと言うのと同じです。

これに対して「l」は、舌先を口蓋につけて、弾くように発音します。

日本語の「らりるれろ」は、英語の「l」の発音とだいたい同じです。

ただ、「r」の発音は、英語以外の外国語でも難しいものが少なくありません。

たとえば、フランス語の「r」は、喉を閉じて舌を口中に浮かせた状態で発音します。

これができないと、

Lit long（長いベッド）
Lit rond（丸いベッド）
Riz long（細長いお米）
Riz rond（丸いお米）

を区別して言うことができません。

中国語の「r」は、舌先を巻くようにして喉の奥から発音します。

「日本」は〈カタカナ〉で書けば「リーベン」となりますが、このまま発音すると「離本」で、「本質を欠く」という意味で取られるかもしれません。

また、ロシア語の「r」は、喉を閉じて、喉の奥から声帯を震わせるようにして発音します。

このように英語、フランス語、中国語、ロシア語を習うと、日本語の「らりるれろ」では正確な音を伝えられないものが少なくありません。

別の言い方をすれば「らりるれろ」と書くと、「r」と「l」の区別がまったくないということになってしまいます。

ですから、先に見たように「r」は英語では反転した「らりるれろ」、フランス語では反時計回り九〇度、中国語では右回りに九〇度にするといった思考実験をお伝えした次第です。

ばかなことだ！　と反対されるに違いありません。

そんなことは、十分、承知しています。

ぼくも、そんなことを本気で考えて、文部科学省に提言するつもりなどもちろんありません。

お伝えしたいのは、日本語の表記の可能性についてなのです。

「てんおう」ではなく「てんのう」と読むという問題

「五十音図」は、すでに述べたように一一〇〇年頃、悉曇学の成果として作られました。

この音図を作る時、明覚は、

カ（クア）　キ（クイ）　ク（クウ）　ケ（クエ・キエ）　コ（クオ）
サ（スア）　ス（スイ）　ス（スウ）　ス（スエ・シエ）　ソ（スオ）
（以下略　本文は（　）なし）『反音作法』

という書き方で、子音と母音の組み合わせを書き表すと同時に、音色の持つ範囲を表そうとしています。

それは、日本語の「音便《おんびん》変化」を意識してのことです。

サンスクリット語では「連声」、またフランス語では「リエゾン」と呼ばれますが、二つの音が衝突すると別の音になるという現象です。これは、韓国語でもありますし、広東語などでも起こります。

「天皇」は漢字の読みでは、それぞれ「てん・おう」であるものが「てんのう」
「因縁」は「いん・えん」であるのが「いんねん」
「美しうて」が「美しくて」
「美しき人」が「美しい人」
「飛びて」が「飛んで」
「あるなり」が「あんなり」また「あなり」
「取りて」が「取って」

などと変化します。
また、音の衝突によっては濁音変化を起こす場合もあります。

「看板」は漢字の読みでは、それぞれ「かん・はん」であるのが「かんばん」
「手紙」は「て・かみ」が「てがみ」
「日差し」は「ひ・さし」が「ひざし」

「雨合羽」は「あめ・かっぱ」が「あまがっぱ」
「株式会社」は「かぶしき・かいしゃ」が「かぶしきがいしゃ」

はたして、サンスクリット語にしても、フランス語にしても、日本語にしても、ある程度までは、「音便化」(連声、リエゾン)の条件を知ることはできるのですが、今のところ、音便化する場合としない場合など、整然とした規則を見つけることができないのです。

たとえば、「案山子」は「かかし」と発音するのが共通語の言い方とされていますが、地方によっては「かがし」と呼んだりします。

「小さな実が、すずなりになっている」などの「すずなり」を「ずずなり」と言う人もいます。

人の姓でも「川崎」という方の中には「わたしの名前は、〈かわざき〉で、〈かわさき〉ではありません」と仰る場合もあります。

すでに述べましたが、「五十音図」に書かれた文字は、音色の指標のひとつで、その音は絶対ではなく、それぞれの来歴や環境によって変化するものなのです。

三〇〇年単位の分岐点

我々が現在使っている日本語は、明治時代に作られました。

すでに触れましたが、「五十音図」が作られるまでに、悉曇学を日本に移植することに成功した空海から円仁、円珍、安然、明覚と、およそ八〇〇年から一一〇〇年までの三〇〇年を要しています。

江戸開幕の一六〇三年から日露戦争勃発の一九〇四年までと考えると、江戸時代がすっぽり入るような長い時間に当てはまります。

勝海舟《かつかいしゅう》は徳川家茂に謁見した際、意見を聞かれ次のように言ったそうです。

「当今、イギリス海軍の盛大が言われますが、ほとんど三〇〇年の久しき時を経て、ようやく今に至れるものにござります」

三〇〇年の間、天下泰平で、剣術も文章の書き方も、「型」にはまってそこから価値観を変えることができなかった多くの江戸時代の人たちは、新しい時代の流れに乗れず、苦しみもがきながら亡くなっていきました。

勝は、幕臣として、最後の始末を付けるために奔走しますが、彼の頭の中にはおそらく三〇〇年後の日本をいかにするかという思いがあったのではないでしょうか。

明治維新から約一五〇年。ということは、勝が思った三〇〇年の後の、ちょうど半分のところに、我々は立っているということになります。

現代日本語の淵源は、坂本龍馬《さかもとりょうま》にあると考えています。龍馬の、姉乙女《おとめ》への手紙を見れば明らかです（六七頁参照）。

坂本龍馬は、勝海舟の弟子のひとりです。

勝の思いと坂本龍馬の思いは繋がっています。この勝から龍馬への糸は、日本語の歴史で辿ると、同じ文化圏で生まれた末松謙澄、正岡子規、そして正岡子規から夏目漱石、寺田寅彦《てらだとらひこ》へと繋がっていきます。

司馬遼太郎と桑原武夫が見た日本語の変化

先ほど近代一五〇年が分岐点だと述べましたが、その一五〇年間を半分に区切るのが太平洋戦争です。戦後に焦点を当てると、日本語は、平板化の一途を辿ります。

ここで、少し、戦後の日本の文学、文化の牽引者のひとりだった司馬遼太郎《しばりょうたろう》の話を引きたいと思います。

司馬遼太郎が亡くなったのは、一九九六年でした。

『竜馬がゆく』『国盗り物語』『坂の上の雲』などの小説は、NHK大河ドラマなどにもなりました。

また『街道をゆく』では、国内のすでに戦後のさまざまな改革で失われつつあった重要な歴史的地域を紹介し、さらにヨーロッパ、アメリカ、アジアの諸国から観て「日本」とは何だったのかを見つめ直す作業の重要さを教えてくれました。

司馬史観というものの是非については、さまざまな意見があろうかと思いますが、本当に真剣に「日本」を考えた「叡智」のひとりだということは確かでしょう。

さて、司馬遼太郎は、フランス文学者・桑原武夫《くわばらたけお》との対談（『日本語の本質 司馬遼太郎対話選集2』文春文庫）で、小説の文章も新聞記事の文章もほとんど変わらないものになってしまったので、読みやすくなって、平板になったと語っています。

おそらく一九七〇年頃まで、小説で使われる日本語と、論説文で使われる日本語は、異なるスタイルで書かれていたのでしょう。

これに答える形で、桑原は、「戦後教育を受けた、例えば大江健三郎《おおえけんざぶろう》、小田実《おだまこと》、高橋和巳《たかはしかずみ》、こういう人の文章は戦前にはなかった。イデオロギーの好き嫌いは別にして、あの文章では何でも、素粒子論の論文でも都会の風景でも書けますね。そういう文章は、おっしゃる通り戦後に確立したのだと思います。国民全体の文章能力がレベルアップしました」と答えています。

しかし、桑原がいう文章能力レベルは、二〇〇〇年頃から一気に後退したと、ぼくは思います。

これについても、少し同じ対談から桑原の意見を引いてみたいと思います。

司馬　例えばフランスでは、オルトグラフ（つづりを正しく書くための正字法）などを大変にやかましく教えますね。

桑原　ええ、そうです。しかし、わたしは言葉については改革派で、フランス語にしてもああいうむずかしい正字法がいいとは思っていません。日本語のカナヅカイも同じことがいえると思うんです。言葉は文学や詩のためだけにあるのではない。国民が幸福な生活をするための、楽しい感情生活をするための道具でしょう。しかもその幸福はいわゆるエリートだけの幸福ではないと思っています。

桑原武夫は、京都大学人文科学研究所所長を務めたフランス文学者で、戦後まもなく、まだ「学際」という言葉さえなかった時代、分野の異なる研究者を集めて『ルソー研究』『宮本武蔵と日本人』『フランス百科全書の研究』『フランス革命の研究』などの共同研究のプロデュースを行った人です。

桑原の研究についての是非はあろうかと思いますが、鶴見俊輔《つるみしゅんすけ》、梅原猛《うめはらたけし》、上山春平《うえやましゅんぺい》などの文化人を育てたという点などからしても、非常に大きな功績を残した人でした。

桑原は、明治三十七（一九〇四）年、日露戦争勃発の年に生まれていますから戦前の教育を受けて育ち、太平洋戦争終結の時、すでに四十一歳になっていました。

言うならば、戦前から戦後に至るまでの「日本語」の変化を、専門のフランス語、あるいはフランス文学との対比において、客観的に見ることができた人だったのです。

苦痛な国語の授業

さて、桑原の「国民が幸福な生活をするための、楽しい感情生活をするための道具」としての「日本語」は、創られているのでしょうか。

司馬は、こう言っています。


日本語という国語に感動しない国語教育がおこなわれているような気がします。文部省の方針なのか、いまの国語の教え方は、全国一つのパターンでやっていますね。非常に憂鬱な謎解きのようなものを教えて、子供たちに言葉を書いたり使ったりするのをこわくさせるようなところがあります。これは、教育の現場において論理的に明快な日本語を創りあげたいという意図でやっているのか、それとも瑣末《さまつ》主義でそうやっているのか

　よくわかりませんけれど、要するに、国語の時間は、いまの子供たちにとって気楽なものでなく非常に苦痛な時間であるらしい。

司馬のこの一九七一年の発言から五〇年が過ぎた今も、「国語」の授業は決して、楽しいものではありません。

そして、それは教える側の教員にとっても、同じことなのです。

二〇二二年度から始まった「新学習指導要領」は、さらに生徒や教員に「国語」の楽しさを伝えられないものにしてしまうに違いありません。

「国語」の中から古典と文学を抜いて「実用文」という名の下、「生徒会の規約」「自治体の広報」「駐車場の契約書」などが大学入学共通テストのモデル問題文として使われていますが、このようなものが「国語」の授業として取り扱われることになるのです。

文部科学省は、これを「論理的文章」と言っていますが、これは「論理的文章」ではありません。これは、南北朝時代に遡る「庭訓往来《ていきんおうらい》」の再来にしか過ぎません。

日本語の消滅危機

ここで「庭訓往来」と江戸期におけるその影響についてご説明しましょう。

江戸時代末期、日本は「型」に収まっていれば、苦しくてもなんとか一生を終えることができる社会環境でした。次の三〇〇年を見据えていたような人材は、勝海舟などのごく限られた人たちだけだったのです。

ちょうどいい湯に入っている状態です。ぬるま湯から出て、風に当たれば寒くなる。

でも、このぬるま湯は、いつか冷めてしまいます。

ぬるま湯から出て、なんとかしなければならないのはわかっているのに、誰もそこから出ようとはしない。お湯の中に入って、文句ばっかり言っているのです。

もちろん、それは、外に出て、次にどうすればいいのかがわからなかった人たちが多かったからでもあります。

でも、外に出て、身体を乾かし、服を着る、火を焚く、みんなでおしくらまんじゅうをして温め合うなど、身体を冷やさないための工夫はいくらでもできたに違いありません。

しかし、ほとんどの人は、ぬるま湯にいる方が楽だと思って、お湯が冷めて、外に出ざるを得ない状態になるまで、じっとそこに留まっていたのです。

こんな時代の日本語を代表するのが「庭訓物」と呼ばれる書籍群です。

これは、平安後期から明治初期にかけての「国語」の教科書です。

身分に応じて、その場面に応じて、どのように書くかという定型文を載せた教科書です。

お金を借りるための証文、土地を売買する時の証文、挨拶はどうするか、結納をする時には何をどのように言えばいいのか……など、あらゆる定型文をそのまま習って書けばいい教科書があったのです。

石川松太郎、往来物のコレクターである小泉吉永両氏の研究によれば、明治時代初期のものまで入れると、その数は優に五〇〇〇種類を超えると言われています。

日本は識字率が高かったと言われますが、身分に応じた四季折々の挨拶、礼儀作法、証文の書き方などの「型」を、それぞれの人が必要に応じて覚えていただけです。

何度も繰り返しますが、明治維新から、桑原が「国民全体の文章能力がレベルアップしました」と言えるところに到達するまで一〇〇年かかったのです。

先に、司馬が「小説の文章も新聞記事の文章もほとんど変わらないものになってしまった」「平板になった」と司馬と語ったという話を挙げましたが、日本語がもっと表現力が豊かであるためには、平板にならないための「方言」の保護、そして古典をもっと身近に考える教育がとても重要なのです。

それから五〇年、いったい我々はどこに向かって進もうとしているのでしょうか。

「日本語」は、このままではなくなってしまうでしょう。

「てにをは」は残るかもしれませんが、語彙はすべてヨーロッパの言葉、中国語に置き換わり、日本語が創りだした情緒や日本独自のロジックなど、瞬く間に消えてしまうはずです。

英語がネイティブと同じように話せることは、格好いいことでしょうか？

日本語を失ってでも、英語がうまくなった方がいいと思うなら、それでもいいでしょう。

しかし「国語」が培ってきた文化を失うことは、非常に残念なことです。

保守的な意味で言っているのではありません。

「国語」こそが日本の文化を支え、創って来たのです。

国語を学ぶということ

最後に「いろは歌」について、もう少しだけ触れておしまいにしたいと思います。

「五十音図」は、「日本語」を学ぶ上でとても大切な音図です。

ですが、それは「国語」という点からすれば、「対」を失った翼のようなものです。

もうひとつの翼は、「いろは歌」です。

いろは　にほへと　ちりぬるを
わかよ　たれそ　つねならむ
うゐのおくやま　けふこえて

あさきゆめみし　ゑひもせす

書かれているように読むだけでは、理解できません。

濁点をつけたりつけなかったり、「む」と書かれているのに「ん」と発音してみたり、「けふ」と書かれているものを「きょう」と読んだり、失われてしまった「ゐ」や「ゑ」という文字が出てきたりします。

「国語」とは、日本語の発音を学ぶ以上に、もっと奥深い文化が我々の文化を創ってきた言葉の歴史や、人々の暮らしの積み重ねを知ることです。

フランスの哲学者、メルロ＝ポンティはその絶筆『見えるものと見えないもの』に次のように記しています。

> 必要なのは同一性としての（空間的ないし時間的）物から、差異としての、つまり超越としての、つまり、つねに「背後にあり」、彼方にあり、遠くにあるものとしての（空間的ないし時間的）物へ移行することなのだ。……現在そのものも超越を含まない絶対的一致ではない。Urerlebnis〔原体験〕が含んでいるものでさえ、全面的一致ではなく部分的一致なのである。なぜなら、それはもろもろの地平をもっており、そうした地平

なしには存在しないものであろうからである。――現在もまた注意のピンセットではさんで間近から捉えることなどできないものなのであり、それは包括者なのである。

（『見えるものと見えないもの』滝浦静雄・木田元訳、みすず書房）

「国語」とは、深く感動するもの、そしてそれを時空を超えて伝えていくものなのです。

おわりに――日本語をもっと遊ぼう！

現在、ひそかではありますが、方言ブームが起こっています。

一戸謙三、高木恭造、植木曜介著『方言詩集　津軽の詩』（津軽書房刊）は、一九八六年に発行されてからすでに五刷になっています。

ひとつ紹介しましょう。

百万遍塚（ヒャグマンベ）

秋《アギ》の日《シ》ネ、
暖《ヌグ》だまらねエ百万遍塚《ヒャグマンベ》。
何時《エヅ》まンで僕《ワレ》ど
白楊《ラエぎ》の林ゴト聞《き》エで居《エ》るのガ……

振り仮名がついていますが、よくみると、〈カタカナ〉で付けられたものと〈ひらがな〉で付けられたものがあります。

津軽方言がわからないのでぼくの想像ですが、〈ひらがな〉の振り仮名はやさしい音、〈カタカナ〉はちょっと固い音ではないかと思います。

ばかン~ごたることばっかイいわンで
あン~たンこたぁ、すいとっばってん
うっかンげた舟のごとーして、ツいていく気にハなれん~とよ

私の故郷・佐世保弁で書くと、こんな詩ができます。

「ン~」は、ホンワリと鼻に掛かるような鼻孔音です。「ばってん」の「ん」は、舌先を上の前歯の後ろに付けて、息を止めるような感じの音です。

しかし、こんな発音に注をつけても、どうしようもありません。

方言は、音の響きを実際に聞くことによってのみ、相手の心に響く力を持つことができます。

日本語は、古くは、漢語はもちろん朝鮮半島の諸国にあった百済語など、またサンスクリット語、室町時代にはポルトガル語やスペイン語、また幕末以降は英語やフランス語、ドイツ語など、多くの言葉を受け入れて語彙を増やして来ました。

「五十音図」を知っていれば、耳で聞いた言葉を文字にすることは、さほど難しいことではありません。

しかし、「What time is it now?」は、それぞれの単語の発音をひとつずつ「ホワット　タイム　イズ　イット　ナウ」と書くより、むしろ明治時代初期の人のように「掘った芋いじるな」と書いた方が英語の発音に近いのではないでしょうか。

アンプ、イヤホン、ヘッドホンなどの発達によって、我々は臨場感のある音楽を居ながらにして鑑賞することができるようになりました。

音楽を聞くように、言葉に対してももっと繊細で敏感な耳を持つような教育をしてみてはどうだろうかと思うのです。

たとえば、文章を読む時にも、「、」や「。」など句読点などに気を付けてみるというのも、書き手の意志や、息遣いを知る上でとても大切なことです。

日本語、そしてわが国の「国語」というものは、とても不思議な生き物だと思います。

この不思議な生き物を使って我々は文化を担い、創って来ました。

その背景には、「いろは歌」と「五十音図」という「対」の文化があったのです。

そして、また古代から日本人は、言葉を駆使してたくさんの遊びをしてきました。

もっと、もっと言葉で遊びましょう。

そのひとつとして、外国語を〈カタカナ〉語にして安易に使わず、日本語に訳してみるのはいかがでしょうか。

戦時中の外国語禁止で、野球の言葉「ストライク」を「よし」、「アウト」を「ダメ」と言うように強制されたという話はまったく馬鹿げた政策に違いありませんが、今のように何でも〈カタカナ〉語にして、まったくその言葉を知らないと、コミュニケーションが取れなくなってしまうというのも変な話です。

みんなが理解できて、感情を豊かに表現できる日本語を創ること、そのためにはもっと「国語」に対する意識を高めていくことが大切です。

日本の「文化」の根源は「国語」です。

「あ」や「ぷん」などの新しい文字ももっとたくさん創っていきましょう！

おもしろい！　と思うことをたくさんやっていれば、いつかきっと、みんなで共有できる新しい「五十音図」や新しい「いろは歌」もできるに違いありません。

ラクレとは…la clef=フランス語で「鍵」の意味です。
情報が氾濫するいま、時代を読み解き指針を示す
「知識の鍵」を提供します。

中公新書ラクレ
772

あ゛
教《きょう》科《か》書《しょ》が教《おし》えない日《に》本《ほん》語《ご》

2022年 9 月10日発行

著者……山口《やまぐち》謡《よう》司《じ》

発行者……安部順一
発行所……中央公論新社
〒100-8152 東京都千代田区大手町 1-7-1
電話……販売 03-5299-1730　編集 03-5299-1870
URL https://www.chuko.co.jp/

本文印刷……三晃印刷
カバー印刷……大熊整美堂
製本……小泉製本

Published by CHUOKORON-SHINSHA, INC.
Printed in Japan　ISBN978-4-12-150772-3　C1200

中公新書ラクレ　好評既刊

L202
世界の日本人ジョーク集
早坂　隆 著

世界から憧憬の眼差しが注がれる経済大国？　それとも、物真似上手のエコノミック・アニマル？　地球各地で収集したジョークの数々を紹介しながら、異国から見た真の日本人像を描き出す。『世界の紛争地ジョーク集』（ラクレ124）、『世界反米ジョーク集』（同164）に続く第三弾は、問い合わせの多かった「日本人をネタにしたもの」を満載。笑って知って、また笑う。一冊で二度おいしい本。知的なスパイスの効いた爆笑ネタを、ぜひご賞味あれ！

L309
続・世界の日本人ジョーク集
早坂　隆 著

世界のジョークから日本人が「出演」しているものをピックアップ、海外の人たちの「日本人のイメージ」を考察して大ベストセラーとなった『世界の日本人ジョーク集』。その待望の続篇がついに登場しました。新作ジョークには「アソウ」「マツザカ」など新たな登場人物も参戦。日本は世界からどう見られているかを「笑いながら」探り、パワーアップして読者に届けます。知恵と経験則に基づいた味わい深い至言の数々。今こそ質の良い笑いを！

L363
困った時のアドラー心理学
岸見一郎 著

フロイトやユングと同時代を生き、ウィーン精神分析学会の中核メンバーとして活躍しながら、やがてフロイトと袂を分かったアドラー。その心理学は「個人心理学」とも呼ばれています。本書はアドラーの考えをもとに、カウンセリングを重ねてきた著者が、現代人の悩みにズバリ答える本。自分自身のこと、友人との関係、職場の人間関係、恋愛、夫婦や親子関係……。その様々な具体的シーンで、解決の手引きとなるアドラーの考えを紹介します。

L401

大学教員　採用・人事のカラクリ

櫻田大造 著

大学教員になるための秘訣・裏ワザを一挙公開！　新学部設置や、採用人事に携わり、業界の内部事情に通じた現役教員が、「採る側の論理」を明かす。給与、昇進、派閥、公募、コネ、雑務……等々の赤裸々な実態も、取材とデータをもとに公開。大学教員への就職活動の成功事例、失敗事例を数多く紹介し、採用の決め手が何なのかを検証。団塊世代の定年退職で市場が動く今こそ、新たな「傾向と対策」を！

L435

筆順のはなし

松本仁志 著

その筆順、本当に「正しい」という自信はある？　実は筆順には諸説あって、「唯一の正解」はないのだ。だからといって、筆順の知識が不要というわけでもない――本書は歴史をさかのぼって、いつ誰がどのように決めたのか、筆順をめぐるさまざまな謎について解き明かしながら、筆順のルールや指導法などをわかりやすく紹介する。教育関係者などの正しい知識を得たい人や、美しい文字を書きたい人へ。一家に一冊、目から鱗の内容。

L465

若者と労働
――「入社」の仕組みから解きほぐす

濱口桂一郎 著

新卒一括採用方式、人間力だのみの就活、ブラック企業、限定正社員、非正規雇用……様々な議論の中でもみくちゃになる若者の労働問題。日本型雇用システムの特殊性とは？　そして、現在発生している軋みの根本原因はどこにあるのか？　日本型雇用の状況だけでなく、欧米の成功例・失敗例を織り交ぜて検証する。労働政策に造詣の深い論客が雇用の「入口」に焦点を当てた決定版。感情論を捨て、ここから議論を始めよう。

L543

教えて！　校長先生
渋谷教育学園はなぜ共学トップになれたのか

田村哲夫 著

新設校から全国屈指の進学校へと急成長した「渋幕」。女子校を共学化する学校改革に成功した「渋渋」。東大合格者数を急増させた両校のメソッドを校長が明かす。他方、受験勉強だけに特化せず、いちはやく取り組んだ海外大学進学など、グローバル化に対応した学校運営や、自由な校風で生徒の個性を開花させる学校生活、行事も紹介。人気No.1水卜麻美アナ、闘莉王選手、日本マイクロソフト社長ら、卒業生インタビューも充実。

L551

ちっちゃな科学
——好奇心がおおきくなる読書&教育論

かこさとし＋福岡伸一 著

子どもが理科離れしている最大の理由は「大人が理科離れしている」からだ。ほんのちょっとの好奇心があれば、都会の中にも「小自然」が見つかるはず——90歳の人気絵本作家と、生命を探究する福岡ハカセが「真の賢さ」を考察する。おすすめの科学絵本の自薦・他薦ブックガイドや里山の魅力紹介など、子どもを伸ばすヒントが満載。NHKで放送され、話題を呼んだ番組「好奇心は無限大」の対談を収録。

L557

人生を変える勇気
——踏み出せない時のアドラー心理学

岸見一郎 著

ベストセラー『嫌われる勇気』でアドラー心理学のブームをつくった第一人者が、あなたの悩みに応える！「陰口をいう友人」「理不尽な上司」「妻にけなされる」「躾のなってない嫁」等々88の事例をもとに、アドラーの教えを机上の空論としてではなく、本当に使える実践的なものとして伝授。次の一歩を踏み出すための〝劇薬〟がここに。さて、あなたは、これからの人生をどのように選択しますか？

L585

孤独のすすめ
——人生後半の生き方

五木寛之 著

「人生後半」を生きる知恵とは、パワフルな生活をめざすのではなく、減速して生きること。「前向きに」の呪縛を捨て、無理な加速をするのではなく、精神活動は高めながらもスピードを制御する。「人生のシフトダウン＝減速」こそが、本来の老後なのです。そして、老いとともに訪れる「孤独」を恐れず、自分だけの貴重な時間をたのしむ知恵を持てるならば、「人生後半」はより豊かに、成熟した日々となります。話題のベストセラー!!

L586

アドラーをじっくり読む

岸見一郎 著

ミリオンセラー『嫌われる勇気』のヒットを受けて、アドラー心理学の関連書が矢継ぎ早に出版された。しかもビジネス、教育・育児など分野は多岐にわたっている。だが、一連の本の内容や、著者に直接寄せられた反響を見ると、誤解されている節が多々あるという。そこで本書は、アドラー自身の原著に立ち返る。その内容をダイジェストで紹介しながら、深い理解をめざす。アドラーの著作を多数翻訳した著者ならではの、完全アドラー読書案内。

L599

ハーバード日本史教室

佐藤智恵 著

世界最高の学び舎、ハーバード大学の教員や学生は日本史から何を学んでいるのか。『源氏物語』『忠臣蔵』から、城山三郎まで取り上げる一方、天皇のリーダーシップについて考えたり、和食の奥深さを学んだり……。授業には日本人も知らない日本の魅力が溢れていた。アマルティア・セン、アンドルー・ゴードン、エズラ・ヴォーゲル、ジョセフ・ナイほか。ハーバード大の教授10人のインタビューを通して、世界から見た日本の価値を再発見する一冊。

L619

サラブレッドに「心」はあるか

楠瀬 良 著

「今日は走りたくないなあ」「絶好調！ 誰にも負ける気がしない」など、レース前に馬が何を考えているかがわかったら——と思っている競馬ファンは多いことでしょう。残念ながら馬は人間の言葉を話してはくれませんが、その心理と行動に関する研究は日々進歩しています。本書では、日本一の馬博士がその成果を余すところなく紹介、「馬は何を考えているか」という難問に迫ります。さて、サラブレッドは勝ちたいと思って走っているのでしょうか？

L630

上皇の日本史

本郷和人 著

外国では、退位した王・皇帝に特別な呼称はない。いったん退位すれば、その権威・権力はすべて次の王・皇帝に引き継がれるからである。ところが日本では、退位した天皇は「上皇」と呼ばれ、ときに政治の実権を掌握してきた。では「上皇」とは、どのような存在なのか？二百年ぶりの天皇の譲位、上皇の登場を機に、上皇の歴史を辿り、現代における天皇・皇室、そして日本と日本人を考えるための視座を提示する。

L638

中学受験「必笑法」

おおたとしまさ 著

中学受験に「必勝法」はないが、「必笑法」ならある。第一志望合格かどうかにかかわらず、終わったあとに家族が「やってよかった」と笑顔になれるならその受験は大成功。他人と比べない、がんばりすぎない、子供を潰さない、親も成長できる中学受験のすすめ——。気鋭の育児・教育ジャーナリストであり、心理カウンセラーでもある著者が、中学受験生の親の心に安らぎをもたらす「コロンブスの卵」的発想法を説く。中学受験の「新バイブル」誕生！

L655

独学のススメ

——頑張らない！「定年後」の学び方10か条

若宮正子 著

「趣味がない」なんてしょんぼりしなくて大丈夫。「やりたいこと」の見つけ方、お教えします。何歳からでも〝成長〟できます。定年後はますます楽しくなります——。定年後に「独学」でプログラミングを学び、世界最高齢のアプリ開発者として一躍有名人に。英語のスピーチはグーグル翻訳で乗り切り、旅先で知り合った牧師さんの家を訪ねてみたり。自由気ままな84歳。毎日を楽しく生きるコツは、頑張りすぎない「独学」にありました。

L758

「合戦」の日本史

——城攻め、奇襲、兵站、陣形のリアル

本郷和人 著

戦後、日本の歴史学においては、合戦＝軍事の研究が一種のタブーとされてきました。このため、織田信長の桶狭間の奇襲戦法、源義経の一ノ谷の戦いにおける鵯越の逆落としなどは、「盛って」語られるばかりで、学問的に価値のある資料から解き明かされたことはありません。城攻め、奇襲、兵站、陣形……。歴史ファンたちが大好きなテーマですが、本当のところはどうだったのでしょうか。本書ではこうした合戦のリアルに迫ります。

L759

老いを愛づる

——生命誌からのメッセージ

中村桂子 著

白髪を染めるのをやめてみた。庭の掃除もほどほどに。大谷翔平君や藤井聡太君にときめく——年を重ねるのも悪くない。人間も生きものだから、自然の摂理に素直に暮らしてみよう。ただ気掛かりなのは、環境、感染症、戦争、成長一辺倒の風潮。そこで、老い方上手な諸先輩（フーテンの寅さんから、アフガニスタンに尽くした中村哲医師まで）に学び、次世代につなぐ「命のバトン」を考えたい。生命誌のレジェンドが綴る、晩年のための人生哲学。

L760

60代からの幸福をつかむ極意

——「20世紀最高の知性」ラッセルに学べ

齋藤　孝 著

日本は「隠れ幸福大国」である。ただ、バラ色老後のために足りないのは「考え癖」と「行動癖」。この二つを身に付けるための最良テキストが、哲人ラッセルの『幸福論』。同書を座右の書とする齋藤氏が、現代日本の文脈（対人関係、仕事、趣味、読書の効用、SNSとの付き合い方等々）に読み替えながら、定年後の不安感を希望へと転じるコツを伝授する。なお、ラッセルは九七歳まで知と平和と性愛に身を投じた高齢社会のロールモデル。